와!
물맴이다

새벽들 아저씨와 떠나는 물속 생물 관찰 여행
와! 물맴이다

초판 1쇄 발행일 2016년 4월 28일
초판 3쇄 발행일 2018년 5월 10일

지은이 손윤한

펴낸이 이원중
펴낸곳 지성사
출판등록일 1993년 12월 9일 **등록번호** 제10-916호
주소 (03458) 서울시 은평구 진흥로 68 정안빌딩 2층 북측(녹번동 162-34)
전화 (02) 335-5494 **팩스** (02) 335-5496
홈페이지 지성사.한국 | www.jisungsa.co.kr **이메일** jisungsa@hanmail.net

ⓒ 손윤한, 2016

ISBN 978-89-7889-316-9 (73470)

잘못된 책은 바꾸어드립니다. 책값은 뒤표지에 있습니다.

「이 도서의 국립중앙도서관 출판예정도서목록(CIP)은 서지정보유통지원시스템 홈페이지(http://seoji.nl.go.kr)와
자료공동목록시스템(http://www.nl.go.kr/kolisnet)에서 이용하실 수 있습니다. (CIP제어번호:CIP2016008716)」

⚠ **주의 사항**: 책장에 손을 베이지 않게, 책 모서리에 다치지 않게 주의하세요.

새벽들 아저씨와 떠나는
물속 생물 관찰 여행

와!
물맴이다

글과 사진 손윤한

지성사

일러두기

물속 생물
관찰 여행지

계곡

하천 상류

동네 물웅덩이

식물원 습지 생태원

물속에는 물고기뿐만 아니라 많은 물속 생물들이 살아가고 있어요.
그중에서 우리는 수서곤충을 주로 살펴볼 거예요.
수서곤충이란 물속에서 사는 곤충을 통틀어 가리키는 말이에요.
하루살이, 잠자리, 모기 따위처럼 애벌레와 번데기 시기에만 물속에서 지내는 곤충과
물방개, 소금쟁이 따위처럼 일생을 물속이나 물 위에서 사는 곤충이 있지요.
이 책에 실린 생물 이름은 우리나라에서 사용하는 국명을 따랐지만
최근에 이름이 바뀐 생물은 바뀐 이름을 실었어요.
예를 들어 '바수염날도래'는 '수염치레날도래', '시베리아좀뱀잠자리'는 '한국좀뱀잠자리'로요.
생물을 분류하는 방법도 최근의 경향을 따랐어요.
예전에 '톡토기'는 곤충이었지만 현재는 곤충에서 제외되었지요.
자세한 내용은 본문에 실려 있어요.

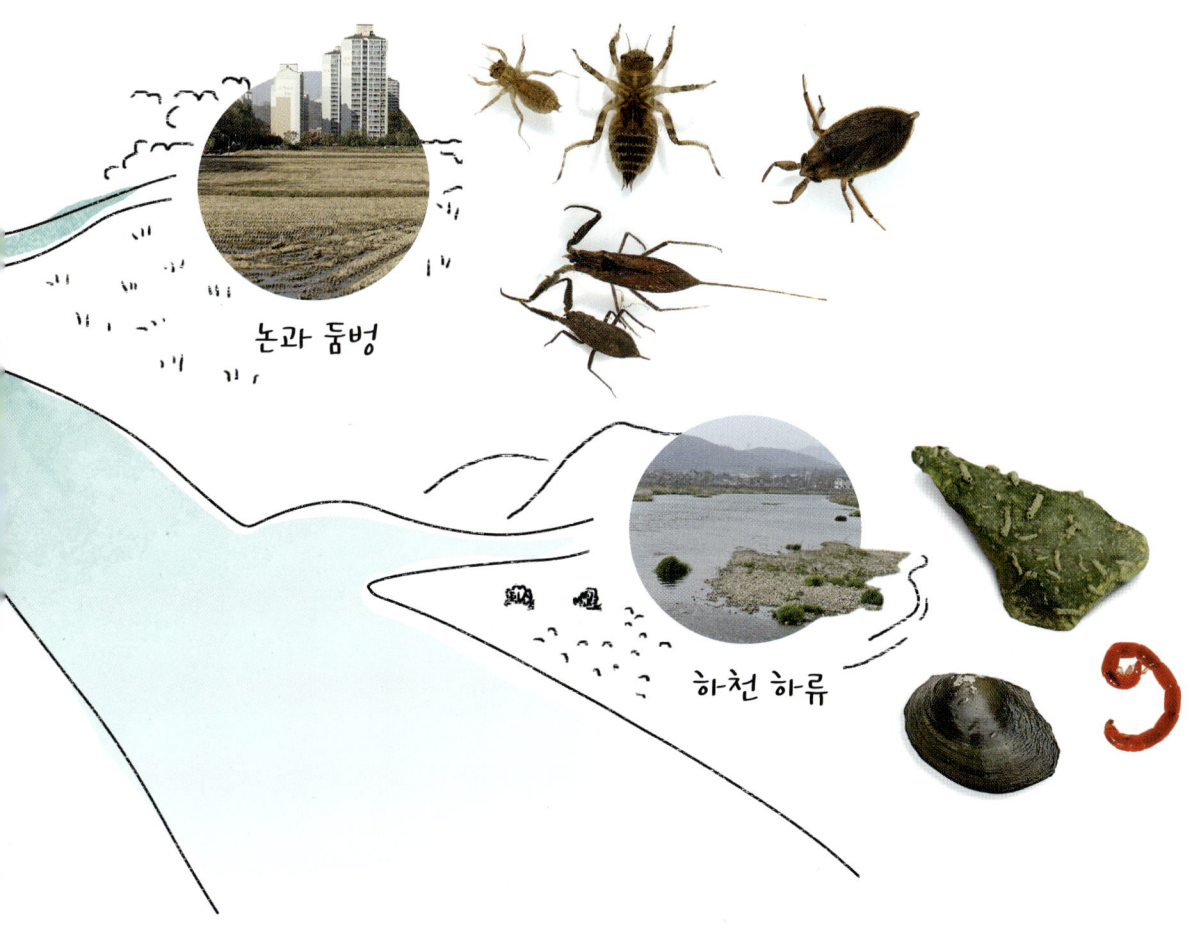

논과 둠벙

하천 하류

들어가는 글

"첨벙첨벙, 푸아~~!"

시원한 계곡을 보면 금방이라도 뛰어들고 싶죠? 잔잔히 흐르는 강물을 보면 물수제비도 떠 보고 싶고, 물이 고인 웅덩이엔 괜히 돌을 던지고 싶기도 하지요.

저도 그랬답니다. 그런데 어느 날, 작은 물웅덩이에서 조그만 물방개 한 마리를 만났습니다. 물웅덩이에 생물이 전혀 살고 있지 않을 거라고 생각했는데 물방개를 만나다니, 참 신기하고 반가웠습니다. 조그만 물방개를 만난 뒤부터 저는 물속에 사는 많은 친구들에게 관심을 가지게 되었습니다. 물속 친구들이 사는 곳을 자주 찾고, 또 눈 맞춤도 많이 하고……. 물속 세상은 정말 새로운 세상이었습니다. 이젠 계곡이나 강가에서 괜스레 돌을 던진다든가 첨벙거리는 행동은 하지 않아요. 물속 작은 생물들이 다치거나 죽으면 가슴 아프니까요. 그저 잔잔하게 흐르는 모습을 바라보는 것만으로도 기분이 좋아지지요.

우리 주변 곳곳에 물 생태계가 정말 많습니다. 계곡, 시냇물, 연못 그리고 작은 도랑과 논……. 그 속에는 어떤 생물들이 살까요? 이런 호기심에서 시작하여 물속 생물들이 사는 곳을 살펴보고 또 관찰하고, 그들과 관계를 맺는 일까지, 이 책은 이렇게 시작되고 끝을 맺습니다. 이 책은 그동안 제가 물속 세상을 접하면서 느낀 점들과 그곳에서 만난 신기하고 신비로운 물속 생물들에 관한 이야기입니다.

　이른 봄에 만나는 고고한 봄처녀하루살이와 푸른 가을 하늘을 당당히 날아다니는 잠자리들이 어린 시절을 보내고, 날도래 애벌레들이 작은 나뭇가지나 돌로 집을 짓고 사는 곳……. 물속에서 살아가는 생물들의 아름답고 신비로운 모습에 점점 더 물속 생물들이 알고 싶었고, 궁금해졌습니다. 물속 생물들이 사는 곳을 찾아가 관찰하는 시간이 점점 길어졌습니다. 알면 알수록 수수께끼도 늘어났고, 결국 집에서 직접 키우면서 풀기도 했습니다. 그리고 이렇게 알게 된 물속 생물들의 생활을 우리 친구들에게 들려주려고 한 권의 책으로 엮었습니다.

　우리 친구들이 이 책에서 만난 물속 생물들이 사는 곳을 직접 찾아가 활기 넘치는 물속 생물들과 반가운 인사를 나누면서 친해졌으면 바람입니다. 앞으로 우리 친구들이 뭔가 중요한 일을 결정할 나이가 되었을 때, 그동안 만났던 수많은 물속 생물들을 떠올리면서 자연을 생각하는 방향으로 결정을 내렸으면 하는 바람도 담아 봅니다.
　마지막으로, 이 책에 나오는 영서와 진욱이처럼 자신이 좋아하는 일을 발견했으면 좋겠습니다. 좋아하는 일을 하면서 살아가는 것, 정말 신나는 인생이 아닐까요?

　"자연은 감동하는 사람의 것입니다."

1인 생태연구소 '흐름'에서
새벽들 손윤한 씀.

등장인물

 **새벽들 아저씨** 다래울이라는 작은 마을에 1인 생태연구소 〈흐름〉에서 곤충과 거미를 직접 키우기도 하고 아이들과 함께 산과 들로 생태 관찰을 하러 다니는 것이 여전히 신나고 재미있습니다. 게다가 우리 동네로 이사 온 영서, 영서 친구 진욱과 함께 7일 동안 다닌 거미 관찰 기록을 정리하여 《와! 거미다》라는 책을 펴냈지요. 그러던 어느 날, 영서와 진욱에게 전화가 왔어요. 거미를 관찰하다가 신기한 곤충을 만났는데, 그 정체가 궁금하다고 아우성이네요. 얼른 두 친구를 만나러 가야겠어요.

영서 다래울 마을로 이사 와서 새벽들 아저씨를 만나 아저씨와 함께 7일 동안 거미 관찰 여행을 다닌 것은 정말 잊지 못할 소중한 경험이었어요. 여행이 끝난 뒤 아저씨와 마찬가지로 나도 거미와 친구가 되었어요. 거미를 찾아 진욱이와 함께 작은 물웅덩이 근처에서 거미를 관찰하는데 물웅덩이에서 물 위를 뱅글뱅글 맴돌면서 정신없이 돌아다니는 녀석을 보았어요. 너무 빨라 녀석의 정체를 알 수 없으니 어쩌겠어요? 새벽들 아저씨에게 전화를 거는 수밖에요.

진욱 영서와 같은 유치원에 다닌 단짝 친구지요. 다래울로 이사 간 영서가 아주 재미있는 아저씨와 거미 관찰 여행을 다닌다며 자랑하더라고요. 사실 거미에 대한 책은 물론, 인터넷 동호회에도 가입할 만큼 거미 사랑은 영서보다 제가 더 크거든요. 새벽들 아저씨, 영서와 함께 거미 관찰 여행을 한 뒤로 거미는 나의 일부였고, 틈만 나면 영서와 함께 거미를 관찰했어요. 그러다가 마치 제트 스키를 타듯이 물 위를 쏜살같이 누비고 다니는 녀석을 보는 순간, 녀석에게 도저히 눈을 뗄 수가 없었어요.

차례

일러두기 ⋯ 4
들어가는 글 ⋯ 6
등장인물 ⋯ 8

다시 만남 🌱 10

첫 번째 여행 **논, 둠벙** 🌱 18

두 번째 여행 **계곡** 🌱 52

세 번째 여행 **식물원 습지 생태원** 🌱 82

네 번째 여행 **하천** 🌱 102

다섯 번째 여행 **동네 물웅덩이** 🌱 118

마무리, 그리고 새로운 시작! 🌱 132

찾아보기 ⋯ 136

다시 만남

물웅덩이

영서 아저씨, 여기예요! 이쪽이에요. 빨리요, 지금 막 움직이고 있어요!

새벽들 어디? 알았어. 와, 정말 멋진 녀석이구나! 어쩜 이렇게 빠르지? 제트 스키를 타는 것 같군. 와, 정말 멋진데? 꼭 보고 싶은 녀석이었는데, 이렇게 보게 되는구나. 와, 정말 빨라. 완전 내 스타일이야!

진욱 헤헤, 아저씬 여전하시네요. 안녕하세요? 저 진욱이에요.

새벽들 아, 그래, 반갑다! 그런데 이 녀석 정말 빠르지 않냐? 진짜 쏜살같아, 하하.

영서 아저씨, 오랜만에 만났는데 이러기예요? 인사도 대충 받고…….

새벽들 아, 미안. 그래, 모두들 잘 지냈니? 이렇게 다시 보니 진짜 반갑다. 하하!

진욱 진짜죠? 물 위에 있는 저 녀석보다 우리가 더 반가운 거죠?

새벽들 하하하. 그럼, 그렇고 말고. 그래, 요즘도 곤충이랑 거미랑 관찰하면서 잘 지내고 있지? 너희 소식은 너희가 만든 카페에서 잘 보고 있다. 정말 대단하던걸? 놀라워, 정말 놀라워, 하하하!

영서 다 아저씨 덕분이에요. 정말 신나고 재미있어요. 그런데 아저씨, 저 녀석은 누구예요? 진욱이랑 여기서 물가에 사는 거미를 관찰하고 있는데 갑자기 저 녀석이 나타나더니 저렇게 정신없이 움직이는 거예요. 이리저리 뱅글뱅글 돌아다녀서 어떻게 생겼는지 잘 모르겠어요. 잡아서 관찰하려고 해도 너무 빨라 잡을 수도 없고요. 잡으려고 하면 어디에 숨었는지 보이지 않다가 조용해지면 이렇게 나타나 엄청 빠르게 돌아다녀요.

진욱 맞아요. 그래서 아저씨께 전화를 한 거예요. 아저씨도 보고 싶고 해서요, 헤헤.

새벽들 고맙구나, 날 기억해 줘서. 우리 조용히 앉아서 저 녀석을 좀 더 관찰해 볼까? 막 돌아다니다가 잠시 멈출 때가 있을 거야.

영서 어라, 진짜네요? 저 녀석이 갑자기 멈췄어요. 작은 물방개처럼 생겼네요. 귀여워요.

진욱 물땡땡이하고도 비슷하게 생겼어요.

새벽들 잘 봤다. 저 녀석은 물맴이라고 부르는 수서곤충이란다.

영서 수서곤충이요? 무슨 뜻이에요?

새벽들 수서곤충이란 말 그대로 물에서 사는 곤충이란다. 저 녀석은 어릴 때나 어른이 돼서도 물을 떠나지 않지.

영서 아하, 그래서 수서곤충이라고 하는군요. 그럼 잠자리도 수서곤충이에요? 어릴 때 물속에서 살다가 어른이 되면 물 밖으로 나와 날아다니잖아요.

새벽들 오, 여전히 날카로운걸? 하하. 맞아, 잠자리도 수서곤충이야. 한살이, 그러니까 알이나 애벌레, 번데기, 어른벌레의 시기 중 어떤 시기를 물속에서 보내는 곤충을 수서곤충이라고 생각하면 돼. 조금 더 구분하면 알, 애벌레, 어른벌레 시기 모두를 물속에서 보내는 곤충을 진수서곤충이라 하고, 어느 일정한 시기만 물속 생활을 하는 곤충을 반수서곤충이라고 한단다.

진욱 아하, 그럼 물방개는 진수서곤충이고 잠자리는 반수서곤충이겠네요?

새벽들 오, 역시! 맞아, 하하하.

영서 그런데 저 녀석 이름이 뭐라고 그랬죠? 물매미? 물매암이?

새벽들 정확하게는 물맴이야. 잘 보렴. 물속에서 빙글빙글 맴을 돌고 있지? 그래서 '물맴이'라는 재미있는 이름이 붙었단다.

영서 정말 그러네요. 물속에서 정신없이 맴도는 게 꼭 진욱이 같아요. 진욱이가 곤충 채집할 때 보면 정말 정신없거든요, 헤헤.

진욱 뭐? 너 정말. 으, 오늘은 내가 참는다. 그런데 아저씨, 잡아서 관찰하고 싶은데 그래도 돼요? 어떻게 생겼는지 정말 궁금해요.

새벽들 사실은 나도 그렇단다. 자, 그럼 조심스

물맴이 (사진 ⓒ 박지환)

럽게 잡아 볼까? 두 사람 혹시 채집통 가지고 있니?

진욱 네, 여기요.

새벽들 자, 그럼 난 이쪽에서 몰 테니까 너희는 반대쪽에 있으렴. 녀석은 저렇게 물 위를 맴돌다가도 위험하다고 생각하면 바로 잠수해 버리거든. 내가 물풀 주변으로 천천히 몰고 갈 테니까 그때 너희가 채집통으로 잡아. 자, 그럼 시작한다.

진욱 네, 좋아요. 그렇지, 잡았어요! 이 녀석, 생각보다 멋진데요? 몸에 노란색 테두리도 보여요.

새벽들 어디 보자. 오, 정말 멋진 녀석이구나. 노란색 테두리가 있는 걸 보니 왕물맴이로구나. 물맴이는 몸길이가 6~8밀리미터인데 그보단 더 크지.

영서 우, 정말 멋져요! 날개 끝에 가시 같은 것도 보여요. 어, 그런데 눈이 좀 이상하게 생겼어요. 여기 돋보기로 좀 보세요. 다른 곤충들하곤 좀 다르게 생겼는데요?

새벽들 잘 봤어. 물맴이는 눈이 네 개란다. 자세히 살펴보면 위에 두 개, 그리고 아래에 두 개가 있는 게 보일 거야.

진욱 정말이네요! 그럼 이 녀석은 위아래를 동시에 볼 수 있나요?

새벽들 글쎄다. 자, 우리 한번 생각해 볼까? 눈 네 개를 어떻게 사용하는지.

영서 혹시…… 물맴이는 물에 사는 곤충이니까, 눈 두 개는 물 위를 보고 또 두 개는 물 아래를 볼 수 있는 거 아니에요? 진짜 그렇다면 이거 완전 대박인데요. 수영을 하면서 물 위도 보고 아래도 볼 수 있는 거잖아요.

새벽들 맞아, 잘 봤어. 이 녀석은 정말로 물 위와 아래를 동시에 볼 수 있단다. 그리고 좀 더

물풀 사이에 있는 왕물맴이 물맴이보다 큰 왕물맴이는 물맴이와 달리 몸에 노란색 테두리가 있다. 물맴이 무리는 눈이 위아래 네 개 있는 독특한 수서곤충이다.

자세히 관찰해 보면 다리 길이가 다른 게 보일 거야. 앞다리는 다른 다리보다 가늘고 긴데, 주로 뭔가를 붙잡을 때 쓴단다. 그리고 짧은 가운뎃다리와 뒷다리는 헤엄치는 데 사용하지. 1초에 60번이나 저을 수 있다는구나.

영서 와, 정말이에요? 그래서 그렇게 빨랐구나. 진짜 신기해요.

새벽들 물맴이가 정신없이 돌아다니는 것 같아도 잘 보면 일정하게 움직이는 걸 알 수 있지. 그냥 막 돌아다니는 게 아니라 더듬이가 보내는 정보에 따라 일정하게 움직이는 거야. 진욱이처럼 말이야. 정신없이 보여도 다 나름대로 원칙에 따라 움직이는 거지. 안 그러니, 진욱아?

진욱 맞아요. 역시 저를 제대로 알아주는 사람은 아저씨뿐이라니까, 헤헤.

영서 와! 둘이 완전 친해졌네. 혹시 나 몰래 둘이 만난 거 아니에요?

새벽들 하하하, 자자, 그만. 이러다 싸울라. 하하하.

진욱 그런데 이 물맴이, 아니 왕물맴이라고 했던가요……. 녀석은 뭘 먹고 살아요?

새벽들 주로 물에 떨어진 곤충을 잡아먹고 산단다. 때론 여러 가지 동식물의 찌꺼기 같은 것도 먹고.

진욱 그런데 아까부터 궁금했는데요. 얘네는 왜 그렇게 물 위를 맴돌아요? 그냥 편하게 있으면 될 텐데. 보는 우리가 힘들 정도로 맴도는 이유가 뭐죠?

새벽들 오, 역시 날카로운 질문이구나. 우리 같이 생각해 볼까? 이 녀석들 여러 마리가 물 위를 같이 맴돌면 어떻게 될까? 당연히 물에 파동이 일어나겠지? 파동이 일 때 멀리서 보면 꼭 뭔가가 물에 빠져 허우적대는 것처럼 보일 거야. 그리고 그 허우적대는 것을 잡으려고 다른 곤충들이 몰려올 테고……. 그렇게 곤충들이 다가오면 물맴이가 확 잡아 버리는 거지. 물맴이가 이렇게 열심히 맴을 도는 이유는 먹이를 잡기 위해서야. 자연은 쓸데없이 에너지를 낭비하는 법이 없거든.

영서 와! 정말 신기한 곤충이네요. 그럼 생긴 것처럼 사는 모습도 물방개랑 비슷한가요?

새벽들 그렇진 않아. 물맴이도 수서곤충이긴 하지만 물방개처럼 완전히 물속에서 사는 건 아니고 주로 물 위를 맴돌면서 산단다. 가끔 잠수하기도 하지만 곧바로 물 위로 올라오지.

진욱 아저씬 요즘 물속 생물을 관찰하고 다니시나 봐요. 저희도 아저씨와 같이 다니면 안 되나요? 물맴이를 보고 나니까 갑자기 수서곤충들이 궁금해졌어요.

영서 와, 내가 먼저 말하려고 했는데……. 방해가 안 되면 같이 다니고 싶어요. 꼭이요. 네?

새벽들 방해라니? 같이 다니면 더 좋지. 멋진 미래의 생태 박사님들하고 다니는데 내가 싫을

왕물맴이 배 끝에 공기 방울을 달고 다닌다.

리가 있겠니? 너희만 좋다면 같이 다니자. 혼자 다니기 심심했는데, 난 완전 좋지!

영서, 진욱 와, 좋아요! 저희도 완전 신나요!

새벽들 하하하, 물맴이 덕분에 우리가 다시 만났구나. 게다가 관찰 여행도 함께 다니게 되고 말이야. 물맴이한테 고맙다고 해야겠는걸? 하하하.

영서 그러네요. 물맴이 때문에 우리가 다시 만난 거네요.

새벽들 그럼, 우리 다 같이 물맴이한테 고맙다고 할까?

영서, 진욱 좋아요!!

새벽들 자, 그럼, 하나 둘 셋!

새벽들, 영서, 진욱 물맴이야, 고마워!!

새벽들 아저씨와 영서, 진욱을
다시 만나게 해 준 왕물맴이에
대해 좀 더 알아볼까요?

물속에 사는 딱정벌레 왕물맴이

옆모습이 날렵한 자동차 몸체처럼 생겼다.

앞다리가 가늘고 길다.

가늘고 긴 앞다리로 물풀을 잡고 쉬고 있다.

　물맴이 무리 중에서 가장 큰 왕물맴이는 물속에 사는 딱정벌레로, 등이 딱딱한 갑옷처럼 생겼어요. 옆에서 볼까요? 정말 멋지지 않나요? 딱딱한 딱지날개는 몸을 보호하기도 하고, 자동차 몸체처럼 날렵한 몸은 물속에서 헤엄칠 때 저항을 줄여 주어 아주 빠르게 헤엄칠 수 있어요.

　왕물맴이가 빨리 헤엄칠 수 있는 이유는 다리에도 있지요. 여느 곤충처럼 다리가 세 쌍인데, 가늘고 긴 앞다리는 먹이를 잡을 때나 물풀을 잡고 쉴 때 사용해요. 앞다리에 비해 짧은 가운뎃다리와 뒷다리에는 물방개처럼 깃털이 나 있어 배의 노처럼 사용하지요. 그리고 단순히 젓는 것만이 아니라 엄청나게 빠른 속도로 움직일 수 있어요. 마치 물 위에서 제트 스키를 타듯이 엄청 빠르게 맴돌아요.

　왕물맴이가 이렇게 물 위를 맴도는 까닭은 먹이를 사냥하기 위해서예요. 다른 곤충이 물

두 겹눈으로 위아래를 동시에 볼 수 있다.

짧고 굵은 더듬이와 입술수염은 고성능 안테나 역할을 한다.

배 끝에 공기 방울이 달려 있다.

배 아랫면은 배 윗면과 다르게 갈색이다.

위를 맴돌고 있는 왕물맴이를 보면 마치 물에 빠져 허우적거리는 것처럼 보이거든요. 왕물맴이는 쏜살처럼 빠르게 맴돌다가도 물 위로 다가오는 곤충을 보면 바로 달려가 잡아 버려요.

어디 그뿐인가요? 물속에서도 다가오는 곤충을 한순간에 훅 낚아채요. 이런 특기는 바로 독특하게 생긴 눈 때문이에요. 왕물맴이의 커다란 두 겹눈은 위아래로 뚜렷하게 나누어져 있어 눈이 네 개처럼 보여요. 위쪽 두 눈은 물 위를, 그리고 아래쪽 두 눈은 물 아래를 볼 수 있으니 먹이 잡기에 한결 편리하겠죠?

아, 눈만 좋다고 먹이를 잡을 수 있는 건 아니에요. 짧고 굵은 더듬이와 입술 앞쪽에 난 하얀 수염들이 고성능 안테나 역할을 하여 정보를 얻거든요.

왕물맴이는 숨을 어떻게 쉴까요? 맞아요. 물속에 사는 딱정벌레 집안의 물맴이들은 배 끝에 공기 방울을 달고 다니면서 그 속에 있는 산소를 이용해 숨을 쉰답니다.

이렇게 신기한 곤충이 우리 주변에 살고 있다니, 얼른 만나고 싶다고요? 그렇다면 동네 물웅덩이나 연못 그리고 공원에 있는 생태 연못을 잘 살펴보세요. 물 위를 제트 스키 타듯이 획획 맴도는 멋진 물맴이 무리를 만날 수 있을 테니까요.

- 첫 번째 여행 -

논, 둠벙

논 위쪽에 있는 둠벙

영서 아저씨, 오늘은 어디로 갈 거예요? 아저씨랑 다시 관찰 여행을 시작하는 날이라 그런지 완전 설레요.

진욱 어, 그런데 아저씨, 그건 뭐예요? 채집 도구 같은데…….

새벽들 뭐 거창하게 채집 도구라고 할 건 없고, 그냥 집에 있는 거 몇 가지 챙겨 왔다. 먼저 이건 붓, 그리고 하얀색 플라스틱 그릇, 이건 뜰채, 그리고 핀셋. 뜰채에 이렇게 막대기를 연결하면 물이 깊어서 우리가 쉽게 들어갈 수 없는 곳의 수서곤충도 채집할 수 있지.

영서 음, 다른 건 다 알겠는데 붓은 왜 필요한데요?

새벽들 물속에 사는 생물들은 우리와 체온이 크게 차이가 나. 그리고 몸도 아주 작고 약하지. 그래서 손으로 막 잡거나 하면 물속 생물들이 아주 싫어해. 잘못하면 몸을 다칠 수도 있고. 그래서 붓을 사용하는 거야. 먼저 뜰채로 채집한 후 물속 생물들이 다치지 않게 관찰 그릇에 옮기고 나서 붓을 사용하면서 관찰할 수 있지. 그릇이 이렇게 하얀색이면 무늬들이 선명하게 보여서 좋단다. 자, 그럼 준비 다 됐지?

채집 도구

진욱 네! 그런데 오늘 우리 어디로 가요?

새벽들 아, 내가 목적지를 아직 말하지 않았구나. 오늘은 첫날이니까 가까운 곳부터 시작해 보자. 아파트 뒤쪽에 있는 논으로 가 볼까? 아저씨 어렸을 땐 논이 참 많았는데 아파트가 들어서면서 자꾸 논이 줄어들어 안타깝구나. 작은 논이지만 그래도 그곳에 가면 물속 생물들을 만날 수 있을 거야.

진욱 아, 그 논 알아요. 지난번에 영서랑 거미 관찰할 때 가 봤어요. 가끔 오리들도 날아오던데……. 그리고 논 위쪽에 물웅덩이 같은 곳이 있는데 그 근처에 거미들이 아주 많았어요.

새벽들 그래? 그 물웅덩이 같은 곳을 둠벙이라고 부른단다.

진욱 둠벙이요?

새벽들 응, 둠벙! 논에 물을 대기 위해 논 위쪽에 만들어 놓은 작은 물웅덩이인데, 생물들에 겐 아주 좋은 생활 장소지. 작은 곳이지만 다양한 생물들을 만날 수 있어. 물론 논도 그렇고.

영서 논에도 그렇게 많은 생물들이 살아요?

새벽들 그럼. 물속 생물에 관심을 가진 사람이라면 반드시 가야 할 곳 중에 하나야. 자, 그럼 출발해 볼까?

진욱 아저씨, 저기 보세요! 잠자리예요. 막 허물을 벗고 있어요.

아파트 뒤쪽에 있는 논(왼쪽)과 둠벙(오른쪽)

같은 둠벙에서 살고 있는 밀잠자리 애벌레들
고여 있는 물을 좋아한다.

새벽들 어디…… 와, 잘 봤어! 밀잠자리구나. 진짜 날개돋이를 하고 있네. 잘 살펴보렴. 여기저기 많이 보일 거야.

영서 여기도 있어요. 와, 저 안에도 있고요! 이렇게 많은 줄 몰랐어요. 정말 많아요! 그런데 아직 날개가 하얀색이네요. 날개도 접고 있고요. 잠자리들은 날개를 펴고 앉잖아요?

새벽들 아직 날개가 다 안 말라서 그래. 저 상태로 조금 더 있으면 날개가 다 마를 거야. 그럼 날개가 투명해지고 착 펴지지.

영서 전 잠자리가 이렇게 빨리 날개돋이를 하는 줄 몰랐어요. 아직 5월도 안 됐는데……. 생각보다 엄청 빠르네요.

밀잠자리 애벌레
어린 애벌레와 다 큰 애벌레가 같이 있다.

막 날개돋이를 끝낸 밀잠자리

새벽들 더 일찍 하는 잠자리들도 있단다. 보통 4월 초에 계곡에 가면 볼 수 있는 쇠측범잠자리라는 잠자린데, 그 녀석들은 물이 깨끗한 계곡에서 주로 살다가 이른 봄에 날개돋이를 하지.

진욱 쇠측범잠자리요?

새벽들 검은색 몸에 노란색 무늬가 있어서 그런 이름이 붙었어. 호랑이 무늬 잠자리라고 생각하면 돼. 그 녀석은 여러 측범잠자리 중에서 작기 때문에 작을 소(小)라는 뜻의 '쇠' 자를 붙여 쇠측범잠자리라고 한단다.

진욱 쇠측범잠자리처럼 일찍 날개돋이 하는 잠자리가 또 있나요?

쇠측범잠자리 애벌레 맑은 계곡에서 산다.

쇠측범잠자리
손가락과 비교해 보면
크기를 짐작할 수 있다.

새벽들 가시측범잠자리도 일찍 날개돋이를 해. 쇠측범잠자리하고는 사는 곳이 다르지만 봄에 날개돋이 하는 잠자리지. 쇠측범잠자리는 계곡에 산다고 했지? 가시측범잠자리는 주로 물이 고여 있는 작은 연못이나 이런 둠벙 같은 데를 좋아해. 잘 관찰해 보면 가시측범잠자리 애벌레를 볼 수 있을 거야.

영서 그런데 아저씨, 이건 뭐예요? 여기 잠자리 허물에 붙어 있는 거요. 하얀 실 같은 게 달려 있어요. 저기도 보세요. 허물마다 이런 하얀 실 같은 게 붙어 있는데요?

새벽들 오, 관찰력이 대단한걸? 애벌레 가슴 속에 있던 기관지의 낡은 껍질이란다.

가시측범잠자리 애벌레 고여 있는 물을 좋아한다.

❶

❷

❸ **가시측범잠자리의 날개돋이**

영서 기관지요?

새벽들 공기가 드나드는 곳이지. 잠자리 애벌레에 있는 기관지인데, 허물을 벗을 때 그대로 밖으로 드러나는 거야.

영서 처음 알았어요.

밀잠자리 허물 하얀 실처럼 붙어 있는 것이 애벌레의 기관지 흔적이다.

진욱 아저씨, 잠자리 얘기 좀 더 해주세요. 밀잠자리처럼 봄에 날개돋이 하는 잠자리로요.

새벽들 그럼 우리 여기 논둑에 좀 앉자. 음, 어떤 잠자리부터 할까? 옳지, 너희 혹시 '언저리'라는 낱말 아니?

진욱 언저리요? 입언저리라고 할 때의 그 언저리요?

영서 주변이라는 뜻이잖아요.

새벽들 오, 알고 있구나. 맞아, 주변이라는 말의 순우리말이야. 진욱이가 말한 입언저리 할 때의 그 언저리지. 그리고 우리가 지금 있는 곳도 언저리란다. 도시 언저리, 아파트 언저리지. 잠자리 중에 언저리잠자리라는 녀석은 이름처럼 도시나 마을 주변의 둠벙 같은 작은 물웅덩이에 산단다. 노란색과 초록색이 어우러진 아주 멋진 잠자리지. 그런데 그 잠자리의 미래는 그렇게 밝진 않아. 도시 언저리에 있는 이런 작은 둠벙들이 점점 사라지고 있기 때문이지. 예전에는 참 많이 보였는데 갈수록 보기 힘들어지는구나.

언저리잠자리보다 더 심각한 녀석들도 있어. 대모잠자리라고 하는 잠자린데…….

진욱 대모요?

새벽들 응, 날개 무늬가 대모거북과 비슷해서 그런 이름이 붙었는데 언저리잠자리와 비슷한 환경에서 살지. 방금 말했듯이, 언저리잠자리나 대모잠자리가 사는 곳에 사람들이 아파트를

언저리잠자리 애벌레 고여 있는 물을 좋아한다.

언저리잠자리 날개돋이를 막 끝낸 모습이다.

짓거나 공장을 지으면서 그 잠자리들이 살 수 있는 곳이 점점 줄어들고 있어. 특히 대모잠자리는 심각해. 그래서 우리나라에서는 이 대모잠자리를 멸종위기 야생생물 2급으로 지정해서 보호하고 있단다. 참 안타까운 일이야, 흠.

영서 잠자리랑 사람이 같이 살면 좋을 텐데…….

새벽들 왜 아니겠니? 아무튼 언저리잠자리나 대모잠자리는 봄에 날개돋이를 하는 대표적인 잠자리야. 비슷한 곳에 사는 넉점박이잠자리도 그렇고. 날개에 점이 네 개 있어서 넉점박이잠자리라는 이름을 붙인 녀석이지.

우리가 자주 보는 빨간색 고추잠자리나 누런 된장잠자리도 봄에 날개돋이를 해.

진욱 우와, 생각보다 많은 잠자리들이 봄에 날개돋이를 하네요. 저는 잠자리들은 다 여름에 날개돋이를 하는 줄 알았어요.

새벽들 그랬구나. 관심을 가지면 더 자세히 알게 되지, 하하. 자, 조금 더 올라가 볼까? 저 위에 둠벙이 있는데 오늘은 그 둠벙을 집중 탐사해 보자. 틀림없이 많은 생물들을 만나게 될 거야.

대모잠자리 멸종위기 야생생물 2급이며 날개에 대모거북(동그라미로 표시한 부분)과 비슷한 점박이 무늬가 있다.

대모잠자리 애벌레
언저리잠자리처럼 고여 있는 물을 좋아한다.

넉점박이잠자리
날개에 점무늬가 네 개 있다.

넉점박이잠자리 애벌레
고여 있는 물을 좋아한다.

**언저리잠자리, 대모잠자리,
넉점박이잠자리 애벌레 비교**

고추잠자리 애벌레
고여 있는 물을 좋아한다.

고추잠자리 암컷
짝짓기 철이 되어도 몸 색이 변하지 않는다.

고추잠자리 수컷
짝짓기 철이 되면 온몸이 붉은색으로 변한다.

된장잠자리 애벌레
고여 있는 물을 좋아한다.

된장잠자리 암컷 몸 색이 누런색이다.

된장잠자리 수컷 몸 색이 변한다.

둠벙 물속 생물이 좋아하는 환경이다.

영서 아저씨, 여기 보세요! 꼬리가 세 개 달린 이상한 게 있어요. 빨리 와 보세요! 꼬리에 무늬도 있어요.

새벽들 어디 보자. 오, 실잠자리 애벌레구나. 꼬리 무늬를 보니 아시아실잠자리네.

영서 이게 잠자리 애벌레라고요?

새벽들 실처럼 가느다란 잠자리여서 실잠자리라고 부르지. 아시아실잠자리는 조금만 관심을 가지면 우리 주변에서 쉽게 관찰할 수 있어. 참실잠자리나 방울실잠자리, 등검은실잠자리도 그렇고.

그리고 영서가 말한 꼬리는 사실은 숨을 쉬는 아가미란다. 이런 아가미를 물고기의 아가미와 구별하기 위해 '기관 아가미'라고 부르지.

아시아실잠자리 애벌레들

아시아실잠자리 애벌레와 기관(꼬리) 아가미

기관(꼬리) 아가미

아시아실잠자리의 짝짓기 위에 있는 녀석이 수컷이다.

실잠자리나 물잠자리 종류의 애벌레는 꼬리처럼 생긴 기관 아가미로 물속에 녹아 있는 산소를 빨아들여 숨을 쉰단다.

영서 헉! 이게 아가미라고요? 그럼 모든 잠자리 애벌레에 이런 꼬리가 있나요?

새벽들 그렇지는 않아. 밀잠자리나 왕잠자리 같은 잠자리 애벌레들은 직장 안으로 물을 빨아들인 다음에 물속에 녹아 있는 산소를 빨아들여 숨을 쉬지. 그래서 그런 아가미를 '직장 아가미'라고 부른단다. 꼬리 아가미 대신 직장 아가미를 이용하는 거야.

진욱 직장이요?

새벽들 직장은 곧은창자라고 하는데 큰창자와 항문 사이에 있지.

참실잠자리 수컷

참실잠자리의 산란 참실잠자리 암수가 알을 낳기 위해 비행하고 있다. 앞의 녀석이 수컷이다.

방울실잠자리 애벌레

방울실잠자리 수컷 가운뎃다리와 뒷다리에 하얀색 방울 같은 장식이 있다.

방울실잠자리 암컷 수컷과 달리 다리에 장식이 없다.

등검은실잠자리 애벌레

등검은실잠자리 수컷

등검은실잠자리의 짝짓기

노란실잠자리 애벌레

노란실잠자리 수컷

노란실잠자리 암컷의 산란 암컷이 산란관을 물속에 넣고 물풀 줄기 속에 알을 낳는다. 수컷은 암컷이 알을 다 낳을 때까지 암컷의 목을 붙들고 있다.

영서 와, 이건 정말 커요! 이것도 잠자리 애벌레인가요?

새벽들 왕잠자리 애벌레란다. 조금 있으면 날개돋이를 할 거야. 물속에서 보통 10개월 정도를 살지. 자, 여기다 놓을 테니 한번 보렴. 애벌레가 어떻게 움직이는지…….

왕잠자리 애벌레

영서 와! 신기해요. 로켓처럼 피융 하고 앞으로 나아가네요.

새벽들 맞아, 로켓이지, 하하. 직장 안으로 물을 빨아들인 뒤 이렇게 발사를 하듯이 물을 내뿜고 그 반작용을 이용해 움직인단다. 물론 빨리 움직일 필요가 없을 땐 다리로 걸어 다니지. 어른 잠자리와 달리 잠자리 애벌레의 다리는 물속에서 걷기 편한 구조로 되어 있어. 그리고 직장 안으로 들어온 물속에 녹아 있는 산소를 이용해서 숨을 쉬지. 잘 찾아보면 먹줄왕잠자리도 있을 거야. 애벌레가 아주 비슷하게 생겨서 처음에는 구별하기 힘들단다. 아저씨가 예전에 이 먹줄왕잠자리 애벌레를 키운 적이 있었는데 날개돋이 할 때 보면 완전히 환상적이야!

진욱 날개돋이 하는 모습을 직접 보셨나요? 어땠어요?

영서 시간이 얼마나 걸려요? 저도 보고 싶어요.

새벽들 아저씨가 관찰하기 시작한 게 오후 3시가 넘어서였고, 날개돋이가 다 끝난 시간이 그 다음 날 오전 10시가 넘어서였으니까 거의 19시간 정도 걸렸지.

날개돋이 직후의 왕잠자리 암컷

먹줄왕잠자리(수컷)의 날개돋이

사진 보기 ▶

오후 3:27

오후 4:00

오후 5:00

오후 11:31

오후 11:51

오후 11:58

오후 12:36

오후 12:45

오후 12:57

새벽 01:18　새벽 01:24　새벽 01:31
새벽 01:57　새벽 02:00　새벽 02:13
새벽 04:47　새벽 04:48　오전 10:09
오전 10:28　오전 10:28　오전 10:43

물론 한 번의 관찰만으로 날개돋이 시간을 정하는 건 좀 그렇지만 대략 그 정도 걸린다고 생각하면 될 거야.

진욱 와! 그걸 다 보셨어요?

영서 대단해요. 아저씨 짱이에요! 저도 진짜 보고 싶어요.

새벽들 처음에는 제대로 자리 잡지 못하고 물속을 오르락내리락해. 그때가 잠자리 애벌레에겐 아주 중요한 시간이지. 애벌레 때는 물속에서 아가미로 숨을 쉬다가 어른벌레가 되면 가슴에 있는 숨구멍으로 숨을 쉬는데, 바로 그 시간이 숨 쉬는 방법이 바뀌는 순간이거든. 애벌레는 그렇게 물 밖에 나와 호흡 방법이 바뀌길 기다린 다음 본격적으로 날개돋이를 한단다.

진욱 아저씨, 여기 와 보세요! 여기 물자라가 엄청 많아요. 제가 그새 잡은 것만도 열 마리가 넘어요.

새벽들 어디, 역시 곤충 박사답구나! 하하. 맞아, 물자라야. 등이 납작한 게 꼭 자라처럼 생겼지? 진짜 많네.

영서 어, 아저씨, 이건 뭐예요? 물자란데 등에 뭔가가 잔뜩 붙어 있어요. 알 같아요. 그럼 이건 물자라 암컷인가요?

새벽들 알이 맞구나. 흠, 알은 맞는데 이 녀석은 수컷이야.

영서 네? 수컷이요? 수컷이 어떻게 알을 낳아요?

새벽들 이건 수컷이 알을 낳은 게 아니라 암컷이 수컷의 등에 낳은 거란다. 물자라 암컷은 짝

같은 곳에서 채집한 물자라들

물자라 자라처럼 등이 납작하게 생겼다. 겹눈이 커서 마치 선글라스를 낀 것 같다.

짓기가 끝나면 수컷 등에 알을 낳고는 그냥 가 버려. 그다음부터 알을 지키고 부화시키는 건 모두 아빠 몫이지. 아빠 물자라는 새끼들이 무사히 태어날 때까지 알이 썩지 않게 신선한 공기와 햇빛을 수시로 공급하려고 이렇게 위험을 무릅쓰고 물 밖으로 나온단다.

영서 물자라는 어떻게 숨을 쉬어요?

새벽들 여기 물자라 꽁지 쪽을 보렴.

영서 뭔가 톡 튀어나와 있는 게 보여요. 두 개네요.

새벽들 그게 숨관이란다. 물자라는 이 숨관으로 공기 중의 산소를 빨아들여서 숨을 쉬어. 아까 말한 잠자리랑 다르지? 잠자리는 물속에 녹아 있는 산소를 빨아들여 숨 쉬고, 물자라는 공기 중의 산소로 숨 쉬고. 스노클링하는 사람들이 숨 쉬는 모습을 떠올리면 금방 이해가 될 거야. 새끼가 깨어나려면 보통 15~20일 정도 걸리는데 그때까지 아빠 물자라는 아무것도 먹지 않고 알들을 돌본단다.

진욱 여기는 벌써 새끼들이 깨어난 것 같아요. 이게 물자라 새끼들이 맞나요?

새벽들 어디 보자. 오, 정말 물자라 새끼들이구나. 정말 귀여워. 아빠랑 똑같이 생겼네.

영서 그런데 이상해요. 나비나 사슴벌레는 아기랑 엄마 아빠가 다르게 생겼는데 물자라는 작기는 하지만 부모랑 똑같이 생겼네요?

새벽들 아주 좋은 질문이구나. 음, 이 질문은 진욱이가 답해 줄 수 있을 것 같은데?

물자라 수컷들 암컷이 수컷 등에 알을 낳은 모습이다.

물자라 수컷과 어린 물자라

진욱 나비나 사슴벌레는 번데기를 만드는 곤충이고, 물자라는 번데기를 안 만들기 때문이 아닐까요?

새벽들 와! 정확한데? 하하. 물자라는 노린재 집안에 속하는 곤충이야. 물에 사는 노린재라고 보면 되지. 그래서 번데기 시기 없이 허물을 벗으면서 조금씩 어른벌레로 자란단다. 애벌레와 어른벌레는 크기만 다르지, 모습은 비슷해. 물론 아직 날개가 다 안 자랐기 때문에 날지는 못하지.

영서 그런데 이건 뭔가요? 몸이 엄청 길어요. 그리고 긴 꼬리 같은 게 달려 있어요.

새벽들 게아재비야. 갯벌에 사는 '게'와 비슷하다고 해서 게아재비라고 한단다. 아재비는 아저씨라는 뜻인데, 생물 이름에는 비슷하다는 뜻으로 붙이지.

영서 '게'보다는 '새우' 같은데요?

새벽들 그래, 아저씨도 '새우'아재비 같다는 생각이 들어.

영서 이 긴 꼬리도 숨관인가요?

새벽들 맞아.

영서 어, 그런데 숨관이 하난 줄 알았는데 두 개예요. 이렇게 잡고 보니까 숨관이 두 개인 게 확실히 보여요.

새벽들 잘 봤어. 숨관을 현미경으로 자세히 보면 숨관 하나가 대나무 반쪽처럼 생겼단다. 숨

게아재비 노린재 집안에 속하는 곤충으로 몸이 길쭉한 막대기처럼 생겼다.

숨관

게아재비 숨관 대나무처럼 긴 숨관이 두 개다.

을 쉴 때는 두 숨관을 합쳐서 대나무처럼 만든 다음 공기 중에 있는 산소를 빨아들이지.

영서 스노클링처럼요?

새벽들 그래, 하하.

진욱 아저씨, 여기 장구애비도 있어요. 숨관이 긴 것도 있고 짧은 것도 있네요.

새벽들 어디 보자. 장구애비가 맞구나. 이 녀석은 먹이를 잡을 때 마치 두 앞다리로 장구를 치는 것처럼 보여서 이런 이름이 붙었단다. 장구애비도 노린재 집안이라 어린 장구애비와 어른 장구애비가 비슷하게 생겼어. 그런데 이 작은 녀석은 어린 장구애비가 아니라 메추리장구애비라는 전혀 다른 장구애비구나. 잘 봐, 숨관이 완전히 다르지?

진욱 그러네요. 메추리장구애비는 숨관이 아주 짧아요.

새벽들 그래서 짧은 숨관이 마치 꽁지깃이 짧은 메추리 같다고 해서 메추리장구애비라는 이름이 붙었어. 너희 메추리 알지? 우리가 알도 먹잖아.

진욱 네, 알아요. 생명과학 실험에서 부화도 시켜봤는걸요?

영서 그럼 물자라하고 게아재비하고 장구애비는 다 같은 방법으로 숨을 쉬네요. 모두 스노클링을 좋아하나 봐요, 헤헤.

새벽들 오 그렇구나, 하하. 그런데 이 녀석들은

장구애비 노린재 집안에 속하는 수서곤충이다.

장구애비와 메추리장구애비 작은 것이 메추리장구애비다.

숨관

장구애비의 숨관 게아재비처럼 숨관이 두 개다.

물자라 주둥이

장구애비 주둥이

게아재비 주둥이

게아재비의 다리
가시 같은 돌기가 있는 다리는 사냥을 할 때 사용한다.

이름은 재미있어도 무시무시한 물속 사냥꾼이란다. 노린재 집안답게 모두 찔러 먹는 뾰족한 입을 가지고 있거든. 작은 물고기나 올챙이, 그리고 다른 수서곤충들을 잡아 그 뾰족한 입으로 찔러서 체액을 빨아먹고 산단다. 대표적인 물속 사냥꾼이라고 할 수 있어. 물론 잠자리 애벌레도 그렇고.

영서 와! 이렇게 작은 둠벙에 정말 많은 생물들이 사네요. 완전 신기해요!

진욱 아저씨, 여기 조개가 있어요. 아주 작은 조개예요.

영서 뭐라고, 진짜야? 이런 데 조개가 있다고? 너 혹시 거짓말 아니야?

새벽들 어디 볼까? 진욱이가 또 뭔가를 발견한 모양이구나.

진욱 이것 보세요. 진짜 조개예요. 맞죠?

영서 진짜 조개네! 누가 먹고 남은 걸 여기다 버렸나?

새벽들 이건 논에 사는 산골조개라고 해. 어디 보자. 음, 산골조개 종류이긴 한데…… 삼각산골조개라고 하는 민물조개구나. 조개 꼭대기의 도드라진 부분이 삼각형처럼 보여서 삼각산골

삼각산골조개 산골조개의 종류로 아주 작은 민물조개다.

조개라고 불러.

영서 진짜 신기해요. 이런 곳에 조개가 살다니……. 진욱아, 미안해. 난 네가 거짓말하는 줄 알았어.

진욱 괜찮아. 뭐, 마음 넓은 내가 참아야지, 헤헤.

새벽들 하하하. 자, 그럼 오늘은 여기서 끝내자. 힘들지 않니?

영서 아니요, 전혀요! 재밌어요.

진욱 아저씨, 저건 뭐예요? 저기 물 위에 떠다니는 거요.

영서 윽! 못 말려. 진욱이의 호기심을 누가 말릴까.

새벽들 그럼 우리 저것만 보고 갈까?

영서, 진욱 네!!

새벽들 어디 보자. 송장헤엄치게구나. 송장헤엄치게도 노린재 집안에 속하는 곤충이란다.

영서 그럼 이 녀석도 찔러 먹는 입을 가졌겠네요? 귀엽게 생겼는데 이 녀석도 무시무시한 사냥꾼이군요. 그런데 왜 이름이 송장헤엄치게예요? 송장이 뭐예요?

새벽들 송장이란 죽은 사람, 즉 시체를 말하지. 이 녀석을 잘 보렴, 어떻게 하고 있는지.

진욱 어, 뒤집혀 있어요.

영서 맞아요, 배영을 하는 것 같아요.

새벽들 제대로 봤구나. 그래, 이 녀석은 이렇게 배영을 하듯이 몸을 뒤집어서 생활한단. 마치 시체처럼 말이야. 그러다가 먹이가 물 위에

송장헤엄치게 자연 상태에서는 배영을 하듯이 뒤집어서 생활한다.

송장헤엄치게의 배 윗면

송장헤엄치게의 주둥이

새벽들 어디 보자. 아하, 이 녀석은 송장헤엄치게와 아주 비슷하게 생긴 방물벌레라는 곤충이란다. 송장헤엄치게와 마찬가지로 노린재 집안에 속하지만 자세히 보면 몸을 뒤집지 않고 생활해.

영서 그럼 이 녀석도 찔러 먹는 입을 가지고 있겠네요?

새벽들 맞아.

진욱 물속에 사는 노린재가 정말 많네요. 전 이렇게 많은지 몰랐어요.

영서 전 처음부터 몰랐어요, 헤헤.

새벽들 하하하. 저기 보이는 소금쟁이도 노린재 집안에 속하는 곤충이란다.

진욱 어? 소금쟁이가 노린재 집안에 속하는지

떨어지면 쏜살같이 달려가 뾰족한 입으로 찌른 다음 체액을 빨아먹지.

진욱 어, 그런데 왜 이 녀석은 몸을 뒤집지 않고 바로 있어요? 이 녀석도 송장헤엄치게 같은데.

방물벌레

왕물벌레와 방물벌레 모두 노린재 집안의 수서곤충이다.

는 몰랐어요.

새벽들 자, 그럼 여기서 문제 하나. 소금쟁이가 물에 뜨는 이유는 뭘까요?

영서 에이, 아저씨도……. 그런 건 학교에서 다 배웠어요. 표면장력(액체의 표면을 작게 하려고 서로서로 뭉치는 힘) 때문이죠. 소금쟁이는 표면장력을 깨뜨리지 않을 정도로 아주 가볍고 또 몸에 방수 털들이 많아요.

새벽들 와, 대단한걸? 맞아. 소금쟁이는 몸무게가 0.02그램밖에 안 되고 또 뒷다리와 가운뎃다리 끝에서 기름이 배어 나와 물에 젖지도 않지. 그럼 소금쟁이를…….

영서 이런 문제죠? 어떻게 하면 소금쟁이를 물에 빠뜨릴 수 있을까? 정답은 바로 "세제로 소금쟁이 발을 씻어 주면 된다"입니다.

새벽들 와! 역시 대단한걸? 좋아, 그럼 다음 문제! 소금쟁이는 어떻게 다리를 사용할까요? 요건 모르겠지? 하하.

진욱 에이, 시시하게. 앞다리는 먹이를 잡을 때 쓰고 가운뎃다리는 헤엄칠 때 쓰고 뒷다리는 방향을 바꿀 때 쓰죠. 와, 아저씨 완전히 감이 떨어졌나 봐. 이런 시시한 문제를 내고!

새벽들 역시 대단하구나. 내가 완전히 졌다. 역시 대단해. 하하하.

영서, 진욱 우와! 우리가 이겼다! 헤헤!

새벽들 자자, 오늘은 여기서 끝내야 할 것 같다. 아저씨가 더 이상 가르칠 게 없구나. 하하하.

소금쟁이 물 위를 미끄러지듯이 다니며 사는 노린재 집안의 수서곤충이다.

잠자리의 애벌레와 어른벌레, 그리고 탈피 허물

황줄왕잠자리
몸에 누런 줄무늬가 있다.

황줄왕잠자리 애벌레

먹줄왕잠자리 탈피 허물

날개돋이 직후의 먹줄왕잠자리
몸 옆에 검은색 줄무늬가 있어서 이런 이름이 붙었다.

먹줄왕잠자리 애벌레

왕잠자리애벌레

왕잠자리 탈피 허물

날개돋이 직후의 왕잠자리

긴무늬왕잠자리 애벌레

날개돋이 직후의 긴무늬왕잠자리

긴무늬왕잠자리의 날개돋이

밀잠자리 애벌레 밀잠자리 탈피 허물

참별박이왕잠자리 애벌레
산에서 가까운 물웅덩이에 산다.

참별박이왕잠자리 애벌레의 배 부분

밀잠자리 수컷

날개띠좀잠자리 애벌레

밀잠자리 암컷

날개띠좀잠자리 짝짓기

밑노란잠자리 애벌레

밑노란잠자리 탈피 허물

밑노란잠자리

산잠자리 애벌레

산잠자리 탈피 허물

날개돋이 직후의 산잠자리

배치레잠자리 애벌레

배치레잠자리 수컷

두점박이좀잠자리 수컷

두점박이좀잠자리 암컷

두점박이좀잠자리 애벌레

깃동잠자리 애벌레

깃동잠자리의 짝짓기

배치레잠자리 암컷

장수잠자리 탈피 허물

다양한 크기의 장수잠자리 애벌레
물속에서 3년 넘게 산 뒤에 날개돋이를 한다.

생김새가 독특한 장수잠자리 얼굴

우리나라에서 가장 큰 잠자리인 장수잠자리

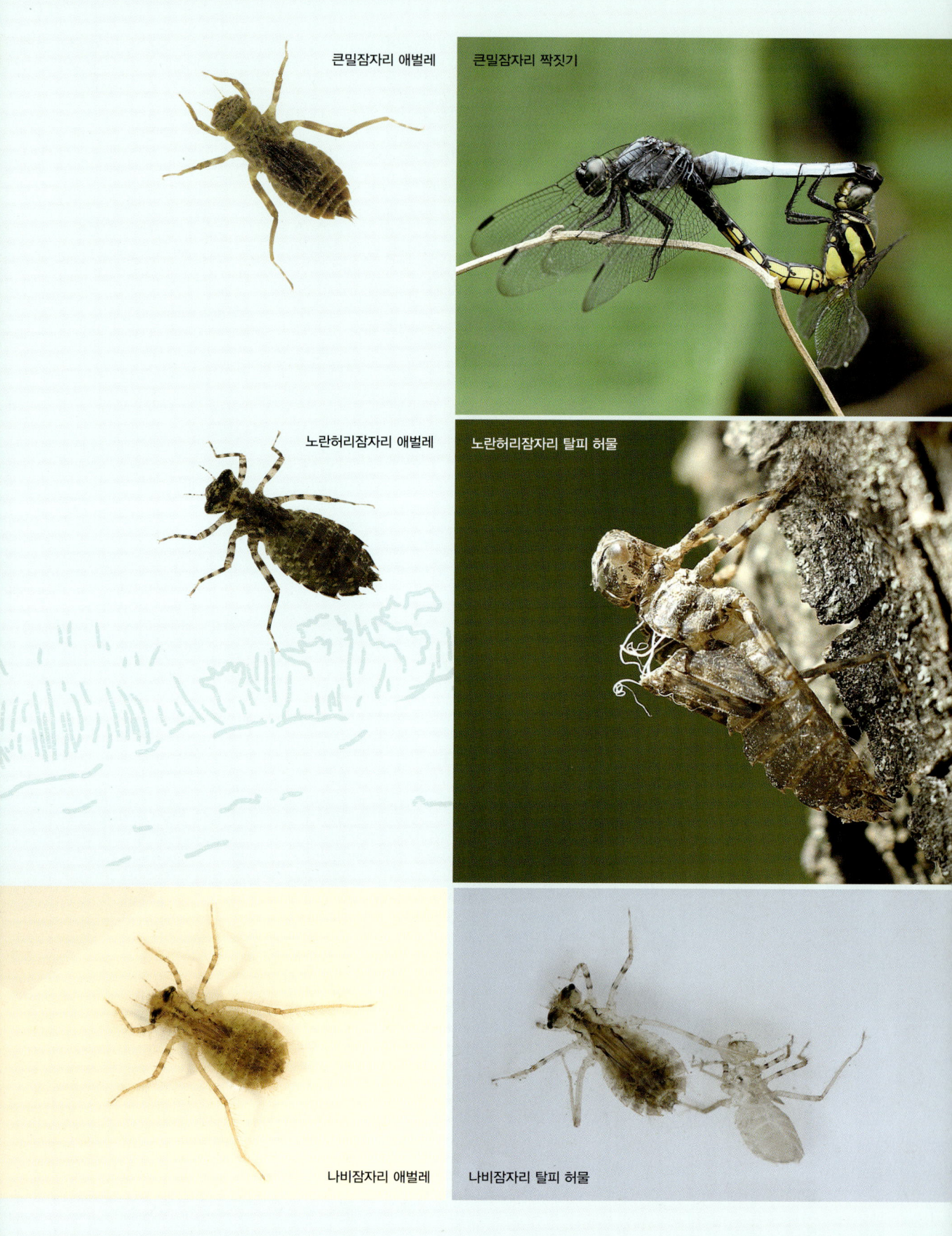

큰밀잠자리 애벌레 | 큰밀잠자리 짝짓기
노란허리잠자리 애벌레 | 노란허리잠자리 탈피 허물
나비잠자리 애벌레 | 나비잠자리 탈피 허물

- 두 번째 여행 -

계곡

계곡

영서 아저씨, 어서 오세요. 엄마가 진욱이랑 여기까지 데려다 줬어요. 오늘은 우리가 먼저 왔네요, 헤헤.

새벽들 오, 반갑다. 다음부터는 나도 좀 서둘러야겠구나. 자, 오늘은 계곡 탐사를 시작해 볼까? 물이 차갑고 바위도 미끄러우니까 조심하고. 그리고 물살이 센 곳으론 가면 안 된다.

영서 네, 잘 알겠습니다. 아저씬 잔소리할 때 보면 꼭 우리 엄마 같아요, 헤헤.

진욱 안녕하세요, 아저씨! 어서 가요. 빨리 보고 싶어요.

새벽들 자, 그럼 출발!

영서 아저씨, 저건 뭐예요? 잠자리하고 비슷하게 생긴 것도 같고…….

새벽들 하루살이라는 곤충이란다.

영서 네? 하루살이라고요? 하루살이가 저렇게 예쁘게 생긴 줄 몰랐어요. 동네 하천 주변을 걸을 때 눈앞에서 왔다 갔다 하는 게 하루살인 줄 알았는데.

새벽들 그건 깔따구라고 하는 곤충이란다. 하루살이와는 완전히 다른 곤충이지.

영서 하루살이는 진짜로 하루만 살아요?

새벽들 짧게는 이틀에서 길게는 일주일 정도 살아. 짧게 산다고 해서 하루살이라고 이름을 붙였지만 이름처럼 꼭 하루만 사는 건 아니야. 여느 곤충들과 다른 점은 이 녀석은 어른이 되면 입이 퇴화돼서 아무것도 먹지 못해. 오직 짝짓기만 하고 죽는단다.

영서 정말요? 신기해요.

새벽들 우리가 보고 있는 저 하루살이는 봄처녀하루살이라는 아주 예쁜 이름이 붙은 곤충이란다.

영서 봄처녀요?

새벽들 응. 지금처럼 이른 봄에 날개돋이를 하는 하루살이지. 아저씨는 저 하루살이를 보면 '봄 처녀 제 오시네. 새 풀옷을 입으셨네' 하고 시작되는 우리 가곡 〈봄 처녀〉가 생각이 나. 물론 노래에서 봄 처녀는 봄을 의인화해서 부른 것이지만 아저씬 왠지 봄처녀하루살이를 가리키는 것 같아 괜히 기분이 좋아진단다.

봄처녀하루살이

어떤 사람들은 봄 처녀가 봄처녀나비를 말한다고도 하는데 봄처녀나비는 주로 6~7월에 나타나니까 이 가곡 노랫말과는 맞지 않아.

영서 아저씨의 상상력은 끝이 없네요, 헤헤. 그런데 하루살이 애벌레는 어디 살아요?

새벽들 물속에. 하루살이도 대표적인 반수서곤충이란다.

영서 지난번에 말씀하신 그 반수서곤충이요? 그럼 애벌레 때만 물속에서 살고 날개돋이 후엔 물 밖에서 살겠네요?

새벽들 그렇지. 여느 곤충과 다른 점이라면 하루살이들은 날개돋이 후에 한 번 더 허물을 벗는다는 거야. 그래야 비로소 짝짓기를 할 수 있는 어른이 되거든.

영서 어른이 된 걸 어떻게 알아요? 잠자리들은 짝짓기 철이 되면 몸 색이 변하잖아요.

새벽들 하루살이들은 날개 색이 변해. 날개돋이를 하고 나서 허물을 벗기 전의 상태를 아성충 단계라고 하는데 이때 날개가 불투명하단다. 그리고 나서 한 번 더 허물을 벗으면 그땐 날개가 투명해지지. 오, 저기 짝짓기를 하고 있는 커플이 있구나. 아래에 있는 게 수컷이란다.

영서 수컷이 엄청 힘들겠어요. 저렇게 꼬리를 위로 들고 있으려면 말이에요.

새벽들 그러게. 자세히 보면 암컷과 수컷은 눈이 조금 달라. 저 커다란 겹눈 보이니? 겹눈이 크게 튀어나온 게 수컷이야. 암컷은 약간 납작하고.

무늬하루살이 아성충 날개가 투명하지 않은 우윳빛이다.

무늬하루살이 날개가 투명하다. 아성충 단계에서 한 번 더 허물을 벗은 상태다.

봄처녀하루살이의 짝짓기 밑에 있는 수컷의 눈이 툭 튀어나와 있다.

진욱 와, 아저씨, 이게 다 뭐예요? 여기 돌 밑에 바글바글해요. 막 움직여요. 자세히 보니 꼬리도 있어요. 제가 여기다 잡아 놨어요. 빨리 와 보세요!

영서 진욱이가 또 뭘 찾은 모양이에요. 아저씨, 빨리 가요.

새벽들 어디 보자. 오, 하루살이 애벌레들이구나. 자, 붓으로 천천히 옮겨서 여기 그릇에 담아 보자. 더 잘 관찰할 수 있을 거야. 자, 다치지 않게 조심조심…….

영서 이게 다 하루살이 애벌레들이라고요?

새벽들 그래. 어디 보자. 음, 이건 참납작하루살이고, 저건 납작하루살이 그리고 이건 네점하루살이구나.

진욱 이건 모양은 같은데 색이 좀 달라요. 이것도 하루살이 애벌레인가요?

새벽들 어디 보자. 오, 이건 맵시하루살이라고 한단다.

영서 아저씨, 이것도 하루살이죠? 그런데 배 옆에 있는 건 뭐예요? 잎사귀 같은 게 막 움직여요.

새벽들 흠, 부채하루살이구나. 그리고 잎사귀 같은 건 기관 아가미야. 물속에 있는 산소를 그 기관 아가미로 빨아들이지. 지난번 잠자리 관찰할 때 설명한 거 기억하지?

진욱 네, 생각나요. 그런데 기관 아가미가 하루살이마다 달라요. 넓적한 것도 있고 실 같은 것도 있어요.

다양한 물속 생물들

납작하루살이 애벌레
햇님하루살이라고도 한다.

참납작하루살이 애벌레
배 윗면에 U 자형 무늬가 있다.

맵시하루살이 애벌레 꼬리가 두 개다.

부채하루살이 애벌레 기관 아가미가 부채 모양이다.

새벽들 관찰력이 대단하구나. 그래서 하루살이를 정확하게 구별하려면 이 기관 아가미의 모양도 관찰해야 한단다.

영서 이것도 하루살이예요? 새우처럼 생겼어요. 여기 모래 속에 많아요.

새벽들 오, 잘 찾았구나. 그건 무늬하루살이라고 한단다.

진욱 이건 어깨에 뿔이 달렸어요.

새벽들 뿔하루살이야. 아주 멋진 녀석이지. 도깨비 뿔을 달고 다녀서 쉽게 잊히지 않는 하루살이란다.

영서 와, 이게 다 하루살이란 말이에요? 생긴 것이 다 다르고 이름도 다르네요. 정말 신기해요. 계곡 물속에 이런 생물들이 살다니……, 한 번도 생각해 보지 못했어요.

새벽들 이런 계곡도 그렇고, 또 우리가 생각하지도 못한 곳에서 많은 생물들이 자리 잡고 살아간단다. 우리가 환경을 보호해야 하는 이유가 여기에 있지. 우리가 마음대로 판단해 환경을 바꾼다면 그곳에 사는 생물들은 큰 피해를 겪게 될 거야. 생물을 관찰할 때도 조심스럽게 해야 해. 관찰한다고 마구 잡거나 거칠게 다루면 이곳에 사는 생물들이 엄청 스트레스를 받게 될 거야. 그러니까 미안한 마음으로 조심스럽게 살살, 알았지?

영서, 진욱 네!!

무늬하루살이 애벌레 깨끗한 계곡에서 바닥의 모래에 굴을 파고 생활한다.

뿔하루살이 애벌레 뿔 모양의 돌기가 있다.

58

 ## 하루살이 집안의 애벌레들

개똥하루살이 애벌레
배 윗면에 하얀색 무늬가 있다.

입술하루살이 애벌레
배 윗면에 점무늬가 있다.

연못하루살이 애벌레
꼬리 가운데에 검은색 무늬가 있다.

민하루살이 애벌레
기관 아가미가 긴 타원형이다.

가는무늬하루살이 애벌레
무늬하루살이보다 무늬가 가늘다.

두점하루살이 애벌레
머리 앞쪽에 점 두 개가 있다.

두갈래하루살이 애벌레
기관 아가미가 두 갈래로 갈라져 있다.

네점하루살이 애벌레 머리 앞쪽에 점 네 개가 있다.

새벽들 자 그럼, 조금 더 올라가 보자. 이곳과는 다른 생물들이 살 거야. 물속에 있는 돌 밑이나 모래 주변을 잘 살펴보렴. 생각지도 못한 새로운 생물들을 만나게 될 테니까.

진욱 아저씨, 여기 보세요! 조그만 모래 덩어리들이 막 움직여요. 여기요. 어서 빨리 오세요!

영서 와, 진짜네. 신기하다. 모래랑 똑같이 생겼어!

새벽들 하하, 너희가 보고 있는 모래 덩어리는 집이야. 자세히 보렴. 모래 덩어리 앞쪽에 조그마한 다리들이 움직이는 게 보일 거야.

영서 와! 진짜네요. 주황색 줄무늬도 있어요.

새벽들 수염치레날도래 애벌레야. 날개돋이 후에 보면 어른벌레 더듬이가 아주 긴데 그게 수염처럼 보였나 봐. 그래서 수염으로 치장한 날도래라는 뜻에서 이런 이름을 붙인 것 같아.

영서 날도래요? 그게 무슨 뜻이에요?

새벽들 나도 정확하게는 몰라. 도래처럼 생긴 집을 짓고 사는 곤충이어서 그런 이름이 붙었을까? 도래는 문이 저절로 열리지 못하게 하는데 쓰는 갸름한 나무라는데, 그보다는 우리의 전통 문화 중에 도래매듭이라고 있어. 동글동글한 그 매듭을 보면 꼭 날도래 애벌레 집 같더라. 아무튼 너희가 연구해서 속 시원히 알려주

계곡

수염치레날도래 애벌레

수염치레날도래 애벌레 집

면 좋겠다, 하하.

영서 어른벌레는 어떻게 생겼어요?

새벽들 음, 날도래마다 다르기는 하지만, 나방하고 비슷하게 생겼지. 그래서 영어로는 날도래를 물나방(water moth)이라고 해. 나방하고 비슷하기는 하지만 가만히 앉아 있을 때 보면 날개를 삼각형으로 접고 앉는 특징이 있어서 나방과 구별할 수 있어. 텐트처럼 삼각형으로 날개를 접고 앉는 나방이라고 보면 이해하기 쉬울 거야.

진욱 이것도 날도래인가요? 수염치레날도래보다 엄청 커요. 잎을 동그랗게 오려서 집을 만들었어요. 이렇게 꺼내서 관찰통에 넣으니까

수염치레날도래

굴뚝날도래

띠무늬우묵날도래

얼굴을 내밀어요. 얼굴에 있는 무늬랑 다리도 아주 잘 보여요. 진짜 신기하게 생겼어요.

새벽들 띠무늬우묵날도래라는 애벌레란다. 계곡에 사는 대표적인 날도래지. 크기가 커서 조금만 눈여겨 관찰하면 쉽게 만날 수 있어. 나뭇잎으로 집을 만드는 녀석도 있고, 나뭇가지나 돌멩이로 집을 만드는 녀석도 있단다. 이 날도래는 특이하게 집을 두 가지 형태로 만들지.

영서 으, 이건 뭐예요? 작은 돌멩이로 만든 굴뚝 같은 게 바위에 엄청 다닥다닥 붙어 있어요.

새벽들 번데기 방이란다. 방금 봤던 띠무늬우묵날도래가 날개돋이를 준비하려고 번데기 방을 만든 거야. 집 입구를 막고 끝을 돌멩이에 붙여 놓은 뒤 그 안에서 서서히 육상 생활을 할 준비를 하지.

진욱 날도래들은 날개돋이를 어떻게 해요?

새벽들 먼저 마지막 탈피를 하는 종령 애벌레가 되면 번데기 방을 만들고 그 안에 들어간단다. 그리고 준비가 될 때까지 기다리지. 이윽고 때가 되면 번데기 방에서 나와 날개돋이를 하는데 얼마나 빠른지 한눈을 팔다가는 날개돋이 장면을 놓치기 쉬워. 예전에 수염치레날도래를 키웠는데 날개돋이 시간이 10초도 채 안 걸렸어. 날개돋이 조짐이 보여 급한 대로 들고 있던 붓을 넣어 줬더니 붓대를 타고 올라가 바로 날개돋이를 하더구나. 얼마나 빠른지 숨 쉴 시간도 없이 사진을 찍었던 기억이 지금도 생생해.

띠무늬우묵날도래 애벌레

띠무늬우묵날도래 애벌레 집

띠무늬우묵날도래 번데기 방

수염치레날도래 애벌레 　　　　애벌레와 탈피 허물 　　　　　　　　　　　번데기 방

수염치레날도래의 날개돋이

수염치레날도래의 짝짓기

진욱 날도래들은 다 이렇게 집을 만들어요?

새벽들 모두가 그런 건 아니야. 날도래는 크게 집을 만드는 날도래와 집을 만들지 않는 날도래로 나뉜단다. 집을 만드는 날도래도 사는 환경에 따라 집을 만드는 재료가 달라. 나뭇가지로 만드는 녀석, 모래 알갱이로 만드는 녀석, 그리고 갈대 같은 풀줄기를 이용하는 녀석, 돌멩이를 이용하는 녀석 등 아주 다양하지.

갈대로 집을 만든 **굴뚝날도래 애벌레**

돌멩이로 집을 만든 **광택날도래 애벌레**

나뭇잎과 작은 나무 조각으로 집을 만든
둥근날개날도래 애벌레

나뭇잎으로 직사각형 모양의 집을 만든
네모집날도래 애벌레

나뭇가지로 집을 만든 **띠무늬우묵날도래 애벌레**

진욱 왜 집을 만드는 거예요? 엄청 불편해 보이는데. 집을 안 만들면 편하게 다닐 수 있잖아요? 먹이 먹기도 쉽고.

새벽들 아주 좋은 질문이구나. 자, 그러면 우리 직접 그 해답을 찾아볼까? 먼저 이렇게 날도래 애벌레를 집에서 빼내면…….

나뭇잎으로 집을 만든 **띠무늬우묵날도래 애벌레**

집에서 나온 **굴뚝날도래 애벌레**

모래 알갱이로 집을 만든 **날개날도래 애벌레**

영서 와, 날도래 애벌레가 이렇게 생겼구나! 그런데 몸 앞쪽과 뒤쪽이 조금 달라요. 앞은 색이 있는데 뒤는 거의 하얀색이에요.

새벽들 좀 더 자세히 보렴.

진욱 색이 진한 앞쪽이 좀 딱딱한 거 같아요. 그리고 뒤쪽은 물렁물렁하고.

영서 아, 알았다! 이 녀석들은 몸 뒤쪽이 약해서 집을 만드는 거지요? 약한 몸으로 돌아다니면 쉽게 잡아먹힐 테니까요.

새벽들 정답입니다! 하하. 영서 말대로 이 녀석들이 집을 만드는 이유는 약한 몸을 보호하기 위해서란다.

진욱 아까부터 궁금했던 건데요. 집을 만들 때 무엇으로 붙여요? 사실 아까 빈집을 열어 보려고 했는데 힘을 줘도 잘 안 떨어지더라고요. 순간접착제라도 쓰는 건가요?

새벽들 맞아, 순간접착제야. 아주 초강력 순간접착제란다. 입에서 나오는 물질로 만든다는 건 알지만 그 성분이 구체적으로 무엇인지는 아직 몰라. 그걸 알면 물에서도 떨어지지 않는 접착제를 만들 텐데 말이야.

영서 어, 이건 뭘까요? 넓적한 돌 위에 작은 돌이 있어요. 제가 이 돌을 들췄는데 돌 아래 이렇게 작고 납작한 돌이 붙어 있었어요. 어? 거꾸로 해도 떨어지지 않아요.

새벽들 그것도 날도래 애벌레가 만든 번데기 방이란다. 우리 이 근처를 조금 더 찾아보자. 아마 이 번데기 방을 만든 애벌레를 볼 수 있을 거야. 애벌레는 옥빛 바다색이니까 찾기가 쉬워.

긴발톱물날도래 번데기 방

진욱 여기 있어요. 이건가요?

새벽들 오, 잘 찾았구나. 그래, 긴발톱물날도래라고 부르는 날도래 애벌레란다. 조금 전에 영서가 찾은 게 바로 이 녀석이 만든 번데기 방이야.

긴발톱물날도래 애벌레

영서 신기한 색이네요. 바다색 같기도 하고 고려청자색 같기도 해요.

새벽들 오, 멋진 표현인걸? 좋아, 고려청자색. 하하. 예전에 이 녀석도 키웠는데 번데기를 만들고 날개돋이 하는 과정이 정말 신기했어. 특히 고치 안에 있는 녀석이 꼭 잠자는 숲 속의 공주, 아니 잠자는 캡슐 속의 공주 같았지.

진욱 그럼 이 녀석은 집을 안 만드는 날도래인가요?

새벽들 맞아. 긴발톱물날도래는 집을 만들지 않는 대표적인 날도래란다.

긴발톱물날도래의 날개돋이

영서 이것도 긴발톱물날도래인가요? 색이 좀 달라요. 어, 머리가 까만색인데요.

새벽들 검은머리물날도래라는 날도래 애벌레란다.

영서 검은머리, 뭐더라? 왜 이렇게 이름이 어려워요. 겨우 보일까 말까 한 쪼그만 녀석들이 이름은 엄청 기네.

새벽들 하하하.

진욱 이 날도래도 집을 안 만드나 봐요.

새벽들 그렇지. 이 녀석도 집을 안 만드는 날도래란다.

진욱 아저씨, 이리 좀 와 보세요! 여기 이상하게 생긴 곤충이 있어요.

새벽들 어디 보자. 오, 강도래 집안의 애벌레구나.

진강도래 애벌레

검은머리물날도래 애벌레 집을 안 만드는 대표적인 날도래다.

영서 네? 강도요?

새벽들 강도가 아니고 강도래. 하하!

영서 아하, 강도래요? 그럼 아까 봤던 날도래하고 친척쯤 되나요?

새벽들 이름은 그런데, 사는 모습이나 한살이는 완전히 달라. 아까 날도래는 번데기를 만든다고 했지? 그런데 강도래는 번데기를 만들지 않는 곤충이란다. 날도래는 알, 애벌레, 번데기, 어른벌레의 갖춘탈바꿈(완전 탈바꿈)을 하는 곤충이고, 강도래는 번데기 시기를 갖지 않는 안갖춘탈바꿈(불완전 탈바꿈)을 하는 곤충이야. 이름 때문에 비슷할 거라 생각하지만 전혀 다른 집안에 속하는 곤충이지.

69

진욱 어, 이건 뭐예요? 매미 허물처럼 생겼는데요.

새벽들 어디? 흠, 무늬강도래 탈피 허물이구나. 강도래는 번데기 시기 없이 마지막 허물을 벗으면 어른벌레가 된단다. 마지막 허물을 벗을 때(종령)가 되면 이렇게 바위 같은 데 올라와 자신의 허물을 벗어 놓고 어른벌레가 되어 날아가지. 하지만 비행 능력이 떨어져 그리 멀리까지 날아가지는 못해.

영서 그런데 왜 이름을 강도래라고 붙였어요?

새벽들 글쎄, 아저씨도 그게 참 궁금하구나. 영어권에서는 '스톤 플라이(Stone fly)'라고 부르는데, 왜 우리나라에선 강도래라는 이름을 붙였는지 모르겠어. 지금 진욱이가 발견한 강도래는 진강도래라고 부르는 강도래란다. 애벌레 시기를 물속에서 보내는 반수서곤충이지.

진욱 그럼 여기에도 살겠네요? 한번 찾아봐요.

새벽들 그러자꾸나. 강도래 애벌레는 주로 돌 밑에 붙어서 생활하기 때문에 돌을 조심스럽게 들추면서 찾아야 해. 자, 그럼 시작해 볼까?

영서 아저씨, 혹시 이거 아니에요? 여기 강아지처럼 귀엽게 생긴 게 있어요.

새벽들 오, 그래. 바로 찾았네. 진강도래 애벌레가 맞구나.

영서 요 녀석, 정말 강아지처럼 귀엽네요. 강아지를 닮아서 강도래라고 부른 게 아닐까요? 헤헤.

무늬강도래 탈피 허물

새벽들 그럴지도 모르겠다, 하하.

진욱 강도래 애벌레는 어떻게 숨을 쉬어요?

새벽들 애벌레 몸 옆을 보면 하얀 실처럼 생긴 게 보일 거야. 그게 바로 기관 아가미지. 하루살이처럼 기관 아가미로 물속에 녹아 있는 산소를 들이마쉰단다.

영서 어, 아저씨! 이 녀석, 뭐 하는 거죠? 돌에 붙어서 팔굽혀펴기를 해요.

새벽들 잘 봤구나. 강도래 애벌레들은 물속에

진강도래 애벌레 몸 옆에 있는 하얀색 실 같은 것이 기관 아가미다.

한국강도래 애벌레

돌에 붙어 있는 한국강도래 애벌레

녹아 있는 산소, 다시 말해 용존 산소로 호흡하는데 산소가 부족해지면 이렇게 팔굽혀펴기를 하면서 직접 산소를 만들기도 하지. 물을 이렇게 손가락으로 휘저으면 뽀글뽀글 산소가 생기는 원리랑 똑같은 거야.

영서 강아지처럼 귀여운 녀석이 재주도 좋네요, 헤헤.

진욱 여기도 강도래 애벌레가 있어요. 그런데 조금 다른 거 같아요.

새벽들 오, 그건 한국강도래라는 강도래 애벌레란다. 진강도래 애벌레와 비슷하게 생겼지만 항문 사이에 털 다발이 없는 게 달라.

진욱 여기 꼬리 사이에 있는 하얀색 털 뭉치 같은 거요?

새벽들 맞아. 진강도래는 그게 있는데 한국강도래는 없지.

영서 이건 완전 다른 강도랜데요? 크기도 작고 색깔도 연한 갈색이에요.

새벽들 그건 무늬강도래 애벌레란다. 어른이 되면 날개 주변으로 짙은 줄무늬가 생겨서 무늬강도래란 이름이 붙었어.

강도래 집안의 애벌레와 어른벌레

무늬강도래 애벌레

애민무늬강도래 애벌레

큰등그물강도래 애벌레

진욱 강도래도 종류가 많네요. 비슷하면서도 조금씩 다른 게 신기해요.
새벽들 맞아. 비슷하면서도 조금씩 다르지. 그 작은 차이를 알아내는 게 관찰력이란다.
영서 어른벌레는 어떻게 생겼어요?
새벽들 이 근처 어딘가에 있을 거야. 강도래들은 날개돋이 한 뒤에도 멀리 날아가지 않고 근처에서 살거든.
진욱 혹시 이건가요? 특이하게 생겼어요.
새벽들 오, 그래. 진강도래구나. 조금 더 찾아보면 여러 종류의 어른벌레가 보일 거야.

녹색강도래 애벌레

진강도래

무늬강도래

한국강도래

녹색강도래

영서 어, 아저씨! 그런데 여기에 소금쟁이가 있어요. 이런 곳에서도 소금쟁이가 살아요? 신기해요.

진욱 소금쟁이는 논 같은 데 살잖아요? 여긴 깨끗한 계곡인데……. 소금쟁이는 장소를 안 가리나요?

새벽들 그럴 리가? 대부분의 곤충들은 자신이 사는 환경이 정해져 있단다. 물론 예외는 있지만 말이야. 특히 물속에 사는 곤충들은 더더욱 그렇지. 그래서 수질환경 지표종이라는 말이 있단다. 어떤 생물을 보면 그 생물이 사는 물이 어느 정도 깨끗한지(청정 하천), 아니면 오염되었는지(오염 하천) 가늠할 수 있어. 만약 더러운 물에 사는 수서곤충이 계곡에서 발견되었다면 그건 계곡물이 오염되고 있다는 증거야. 물론 그와 반대도 마찬가지고. 물이 더럽다고 생각했는데 깨끗한 물에 사는 생물들이 발견됐다면 그건 물이 깨끗해지고 있다는 증거지.

영서 그럼 여기 물이 더러워지고 있다는 건가요?

새벽들 아니야. 자세히 보면 우리가 지난번에 봤던 소금쟁이하고 조금 다를걸?

진욱 정말 그러네요. 지난번 논에서 본 소금쟁이는 회색이었는데 이 소금쟁이는 붉은 갈색이에요.

새벽들 맞아. 이 녀석은 등빨간소금쟁이인데 진욱이 말처럼 등이 붉은 갈색이란다. 논에 사는 소금쟁이와 다르게 주로 계곡 같은 깨끗한

등빨간소금쟁이

물에 살지.

영서 그럼 이 등빨간소금쟁이가 사는 곳은 물이 깨끗하다고 생각하면 되겠네요. 이 물이 정말 깨끗한지 제가 한번 먹어 볼게요.

새벽들 조심해야 할걸? 거머리라도 들어가면 어쩌려고.

영서 에이, 이런 곳에 거머리가 살 리 없잖아요? 거머리는 논 같은데 사는데……. 저도 그 정도는 알아요. 괜히 놀리시려는 거죠?

새벽들 어디 보자. 그럼, 우리 여기 돌들을 뒤집어 볼까? 진짜 거머리가 있는지, 없는지.

영서 어, 이건 뭐지? 아주 조그만 게 천천히 움직여요. 머리가 삼각형인데요?

진욱 어디 봐. 와, 이건 플라나리아잖아.

영서 플라나리아? 반으로 자르면 두 마리가 된다는?

진욱 그래.

새벽들 플라나리아가 맞구나. 재생능력이 뛰어나 종종 재생실험에 사용되기도 하지. 플라나리아를 가로로 반을 자르면 머리가 있는 부분에서는 꼬리가 생기고, 꼬리가 있는 쪽에서는 머리가 생겨 두 마리가 되지. 심지어 한 마리를 백 조각 내어도 각 조각이 모두 재생되는 놀라운 능력이 있다고 알려져 있단다.

영서 여기도 플라나리아가 있어요. 어, 그런데 이 플라나리아는 머리가 삼각형이 아닌데요? 머리 양쪽에 뿔 같은 게 있어요.

새벽들 산골플라나리아라고 부르는 녀석이야. 일반 플라나리아 머리가 삼각형이라면 이 플라나리아는 일(一)자형이라고 할 수 있지.

진욱 산골플라나리아도 있는 줄 몰랐어요. 정말 신기해요.

플라나리아 머리가 삼각형이다.

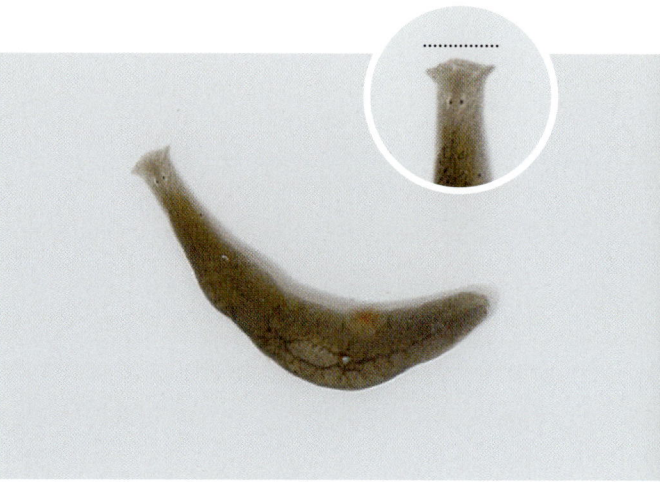

산골플라나리아 머리가 일(一)자형이다.

영서 혹시 이것도 곤충인가요? 돌에 딱 붙어 있어서 잘 안 떨어져요.

새벽들 둥근물삿갓벌레라고 하는 딱정벌레 종류의 애벌레란다.

영서 삿갓이요? 옛날 사람들이 모자처럼 머리에 쓰고 다닌 거요? 진짜 옆에서 보니 삿갓처럼 보여요. 이름 한번 잘 지었네요.

진욱 이건…… 거머린가요?

새벽들 어디? 거머리구나. 주로 깨끗한 계곡 같은 데서 사는 돌거머리란다. 자, 이제 거머리를 찾았으니 영서에게 먹여 보자. 영서야, 아~.

영서 윽, 아니에요. 이젠 아저씨 말 잘 믿을게요, 헤헤.

진욱 둥근물삿갓벌레라는 곤충도 있었군요. 곤충에 대해 잘 안다고 생각했는데, 오늘 새로운 곤충들을 많이 만나서 정말 신나요. 곤충은 보면 볼수록 신기한 거 같아요. 더 올라가요. 더 많은 곤충들을 보고 싶어요. 빨리요.

새벽들 지나치게 욕심을 부리면 다칠 수도 있어. 많이 보는 것도 중요하지만 자세하게 관찰하는 것도 중요하지. 자, 여기 좀 앉아서 쉬자. 아저씨가 힘들어서 안 되겠다. 휴~.

영서 네, 좋아요. 엄마가 김밥도 싸 주셨어요. 여기서 먹고 가요.

진욱 에이, 더 보고 싶은데……. 좋아요, 잠깐만 쉬었다 가기예요. 네?

새벽들 알았다, 하하하.

진욱 영서 엄마 김밥은 역시 짱이라니까. 정말 맛있어요! 헤헤.

새벽들 그래, 정말 맛있어. 하하하.

영서 그런데 아까부터 보고 있었는데 저기 애벌레 같은 게 물속에서 막 움직여요. 약간 징그

둥근물삿갓벌레 애벌레

돌거머리

러워요.

새벽들 어디 보자. 그럼 우리 저것만 관찰해 보고 나서 마저 먹을까?

영서, 진욱 네!!

새벽들 자, 이렇게 담아서 보면 더 잘 보일 거야.

진욱 오, 춤추는 거 같아요. 몸 비틀기 선수예요.

새벽들 각다귀 애벌레란다.

진욱 각다귀요? 각다귀는 파리 종류잖아요. 파리도 애벌레가 물속에서 살아요?

새벽들 모든 파리가 그런 건 아니야. 파리 중에서 각다귀 종류는 애벌레 시기를 물속에서 보낸단다. 그리고 꽃등에도 그렇고. 하지만 각다귀 종류에 대해 아직 연구가 부족해서 여기 있는 각다귀 애벌레들이 어떤 각다귀가 될지는 확실하게 알 수 없단다. 그냥 각다귀 종류 애벌레라고만 알고 있으면 좋을 거 같다.

꽃등에 애벌레 각다귀류 애벌레와 달리 주로 고여 있는 오염된 물에 산다. 기다란 숨관으로 공기 중의 산소를 호흡한다.

각다귀류 애벌레

장수각다귀

일본애각다귀

검정날개각다귀

영서 악, 아저씨! 이거 연가시 아니에요? 여기 기다란 국수처럼 생긴 거요! 이거 만지면 큰일 난다고 하던데, 사람 몸에 들어가서 살다가 몸을 뚫고 나온대요.

새벽들 그래? 그럼 어디, 아저씨가 만져 볼까?

영서 안 돼요. 큰일 나요, 아저씨!

새벽들 악, 이 녀석이 막 몸속으로 들어온다. 얘들아, 살려줘!!

영서 아저씨, 괜찮으세요? 진욱아, 어떻게 해. 연가시가 아저씨 몸속으로 들어갔나 봐.

새벽들 하하하, 장난이야. 연가시는 사람 몸속으로 들어오지 못해. 너희 혹시 숙주라는 말 아니?

영서 숙주요? 콩나물처럼 생긴 거요?

진욱 알아요. 기생 당하는 생물이잖아요.

새벽들 오, 진욱이가 알고 있구나! 맞아. 숙주는 어떤 생물이 기생하는 대상으로 삼는 생물이란다. 연가시가 기생 생물인 것은 맞지만 연가시의 숙주는 메뚜기 같은 곤충이지. 그러니 사람을 숙주로 삼지 않아.

영서 그럼 사마귀가 연가시한테 당해서 물속에 빠져 죽는다는 건 뭐예요?

새벽들 연가시는 철사벌레라고도 부르는 유선형동물에 속하는 생물이지. 알을 낳을 때가 되면 숙주의 몸 밖으로 나와 물속에 알을 낳는단다. 이 알들이 흘러 다니다가 물가 풀잎에 붙기

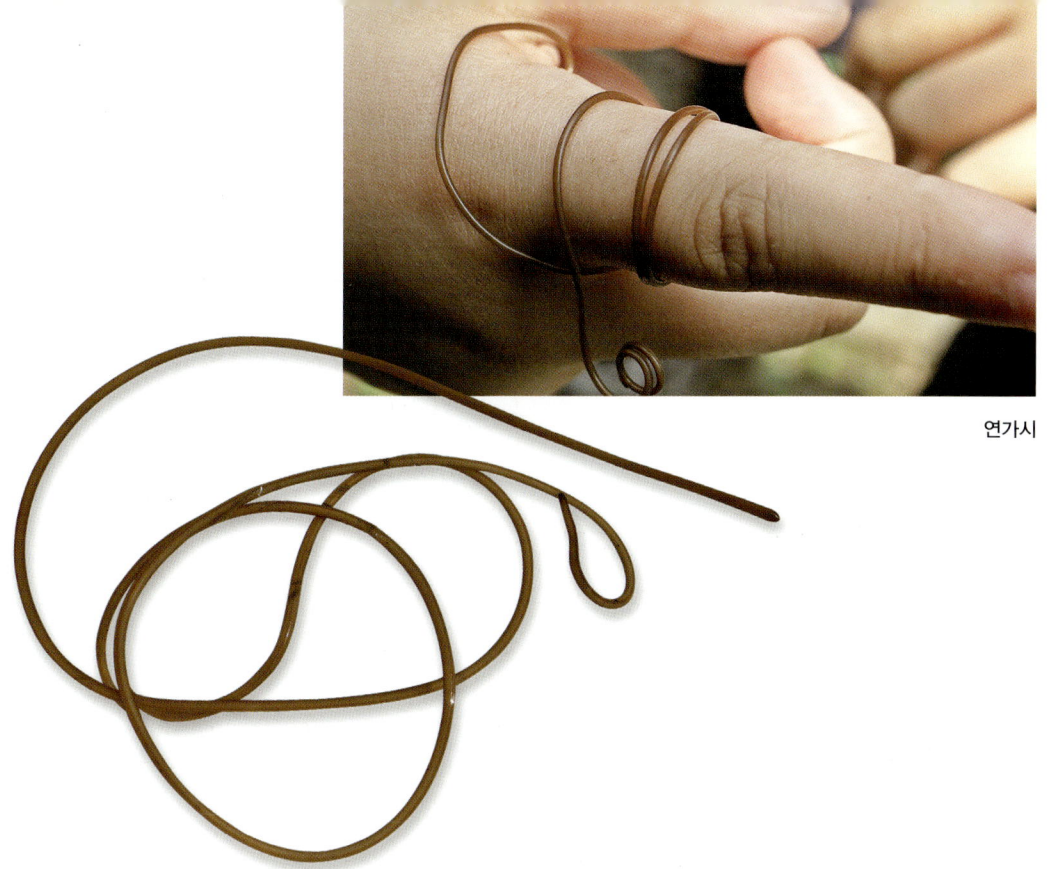

연가시

도 하는데 그 풀잎을 메뚜기 같은 초식 곤충이 먹어 몸속으로 그 알이 들어가지. 메뚜기는 다시 사마귀 같은 육식 곤충에게 잡아먹히고, 결국 연가시 알은 사마귀의 몸속에서 깨어나 사마귀가 먹은 영양분을 먹으면서 자라는 거야. 그리고 알 낳을 때가 되면 갈증을 느끼게 하는 사마귀의 신경을 건드려 사마귀를 물가로 몰아간다고 알려져 있어. 이미 연가시에게 몸을 내준 사마귀는 더 이상 살 수 없어 물가에서 죽고 말아. 그러면 연가시는 사마귀 몸에 있는 구멍이나 아니면 직접 몸을 뚫고 나와 물속으로 들어간단다. 물론 알을 낳기 위해서지.

진욱 그래서 사마귀 같은 곤충이 물가에 죽어 있는 거군요.

영서 그럼 연가시가 사마귀를 조정하는 건 아니네요?

새벽들 그렇지. 하지만 정확하게 어떤 경로로 이런 일들이 벌어지는지 아직 모르는 게 많아. 아저씨가 말한 것도 일반적으로 그럴 거라 추측하는 정도라서 좀 더 연구가 필요한 분야란다. 자, 이제 김밥을 마저 먹어도 될까? 아저씨는 완전 배고픈데.

영서, 진욱 네, 좋아요. 저희도 배고파요!!

새벽들 감사히 먹겠습니다, 하하!!

- 세 번째 여행 -
식물원 습지 생태원

식물원

새벽들 어서들 와라. 힘들지 않았니? 둘이 그렇게 다니니까 보기 좋구나, 하하.

영서 여기까지 오는데 너무너무 힘들었어요. 버스는 왜 그렇게 안 오는지. 그래도 새로운 친구들을 만날 생각에 기분은 좋아요.

진욱 여긴 식물원이잖아요? 아저씨, 우린 물속 생물 관찰하러 다니는데 오늘은 왜 식물원인가요?

새벽들 이야기는 가면서 천천히 하고, 어서 가자. 오늘은 좀 힘든 하루가 될 거야. 여긴 아저씨 친구가 일하는 식물원인데 저 아래쪽으로 가면 습지 생태원이라는 곳이 있어. 그곳에 가면 많은 물속 생물들을 관찰할 수 있을 거야. 일반 관람객은 들어가지 못하는 곳이지만 아저씨가 친구에게 특별히 부탁해서 허락을 얻었다. 미래의 생태 박사님들과 물속 생물을 조사한다고 말이야, 하하. 자, 출발!

영서 와, 신난다! 왠지 특별한 사람이 된 거 같아요, 헤헤.

새벽들 얘들아, 지난번에 아저씨한테 전화했을 때 봤던 물맴이 기억하니?

진욱 그럼요, 엄청 빨랐던 수서곤충이잖아요.

새벽들 그래, 기억하는구나. 오늘은 그 물맴이와 같은 집안 식구들을 관찰해 보려고 해. 자, 여기서 퀴즈! 물맴이는 어느 집안에 속하는 곤충일까요?

영서 에이, 그것도 못 맞힐까 봐요? 딱정벌레 집안이요!

새벽들 정답입니다. 그럼 장구애비, 게아재비, 송장헤엄치게 같은 곤충은 어느 집안일까요?

진욱 노린재요. 그리고 소금쟁이도 노린재 집안이라고 하셨잖아요. 다 기억해요, 헤헤.

새벽들 와, 둘 다 기억력이 대단한걸?

영서 아저씨도 참, 잠자리 집안과 하루살이 집안 곤충도 봤잖아요.

새벽들 그래, 하하하. 자, 그럼 여기서 또 하나 퀴즈! 우리가 본 곤충 중에서 진화상 가장 오래된 곤충은 어느 집안일까요?

영서 음, 노린재? 아니, 하루살이요. 하루살이는 왠지 오래전부터 살았을 거 같아요.

잠자리 화석

납작돌좀 대표적인 무시류이다.

진욱 글쎄요, 혹시 잠자리 아니에요? 책에서 봤는데 잠자리 조상은 날개가 1미터도 넘는 큰 곤충이었고 공룡들과 같이 살았다고 했어요. 새들보다도 먼저 하늘을 날았다던데요.

새벽들 딩동댕, 정답입니다! 맞아, 잠자리야. 그리고 하루살이도 맞고. 곤충학에서는 곤충들을 잘 이해하기 위해서 분류라는 걸 만들었어. 너희에겐 조금 어렵겠지만 이 분류를 알고 나면 우리가 보는 곤충이 어느 집안에 속하고, 또 그 집안은 어떤 특징이 있는지 아는 데 많은 도움이 된단다. 지난번 관찰 때 강도래와 날도래 본 거 생각나지? 이름은 비슷하지만 완전히 다른 집안이라고 설명했는데…….

진욱 네, 생각나요. 날도래는 번데기를 만들고 강도래는 번데기를 안 만든다고 했잖아요.

새벽들 오, 대단하구나. 역시 곤충 박사님이야, 하하. 곤충은 날개가 있는지 없는지에 따라 크게 두 부류로 나눈단다. 날개가 있는 곤충은 '있을 유(有)' 자에 날개 '시(翅)' 자를 써서 '유시류'라고 하고, 날개가 없는 곤충은 '없을 무(無)' 자를 써서 '무시류'라고 한단다. 날개가 없는 곤충 중에는 돌좀이나 좀 같은 곤충이 있는데 우리가 일상적으로 접하기가 어렵고 너무 작아서 눈으로 확인하기 힘든 곤충이기도 하지. 이런 곤충들을 뺀 나머지 모든 곤충을 곤충학에서는 유시류, 다시 말해 '날개가 있는 곤충'이라고 한단다.

진욱 톡토기도 날개가 없는 곤충이죠? 책에서 봤어요.

새벽들 오, 톡토기를 아는구나. 예전에는 톡토기를 곤충이라고 했는데 지금은 곤충에서 제외했어. 곤충하고 많이 비슷하지만 곤충과는 다른 여러 특징들이 발견되면서 따로 톡토기강으로 분류한단다. 곤충은 곤충강으로 분류하고. 그러니까 절지동물에 톡토기강도 있고 곤충강도 있고 거미강도 있는 거야. 어때, 이해하겠니?

진욱 네. 그럼 곤충강에 무시류와 유시류가 있는 거네요?

새벽들 그렇지. 곤충은 크게 날개가 있는 유시류와 날개가 없는 무시류로 구분하니까. 그리고 유시류는 다시 날개 형태가 옛날 방식이냐, 아니면 새로운 방식이냐에 따라 '옛 고(古)' 자와 '새로울 신(新)' 자를 써서 '고시류'와 '신시류'로 나눈단다. 쉽게 예를 들면 잠자리처럼 앉을 때 날개를 겹쳐서 접지 못하는 곤충이 고시류이고, 나비나 파리처럼 날개를 겹쳐 접을 수 있는 곤충이 신시류야.

영서 흠, 제가 한번 정리해 볼게요. 곤충은 날개가 없는 무시류와 날개가 있는 유시류로 나누고, 유시류는 다시 겹쳐 접을 수 없는 옛날 날개를 가진 고시류와 겹쳐 접을 수 있는 새로운 날개를 가진 신시류로 나눈다는 거죠?

새벽들 와, 대단한걸? 정말 멋지다, 하하. 우리나라 곤충 중에서 고시류는 하루살이 집안과 잠자리 집안뿐이란다. 잠자리와 하루살이를 뺀 나머지 곤충은 다 신시류야.

진욱 그럼 날도래와 강도래는 어떻게 구분해요? 둘 다 신시류인 것은 알겠는데 번데기를

톡토기 예전엔 곤충으로 분류되었지만, 요즘은 따로 톡토기강으로 분류되었다. 톡토기에는 여러 종류가 있다.

85

만들기도 하고 안 만들기도 하잖아요?

새벽들 그래서 신시류를 다시 한 번 더 나누었어. 신시류 중에서 번데기를 만드는 곤충은 '안 내(內)' 자를 써서 '내시류'라고 하고, 안 만드는 곤충은 '바깥 외(外)' 자를 써서 외시류라고 하지.

진욱 그럼, 강도래는 외시류고, 날도래는 내시류네요.

영서 그런데 왜 안과 밖이라고 한 거예요?

새벽들 날개가 번데기 안에서 만들어지기 때문에 내시류라고 한 거고, 번데기를 만들지 않는 곤충들은 허물을 벗으면서 차츰 날개가 길어지는데 이를 내시류와 비교해 날개를 밖에서 만든다고 해서 외시류라고 하는 거야.

영서 말들이 어렵기는 하지만 이제 곤충을 어떻게 분류하는지 알겠어요. 제가 다시 정리해 볼게요. 곤충은 날개가 없는지 있는지에 따라 무시류와 유시류로 나누고, 음, 무시류는 일단 무시하고, 유시류는 다시 날개가 옛날 형태인지 새로운 형태인지에 따라 고시류와 신시류로 나눈다. 그리고…….

진욱 우리나라에 고시류는 하루살이와 잠자리 집안뿐이다, 헤헤.

영서 그러니까 우리나라 곤충 중 하루살이와 잠자리 집안을 뺀 나머지 곤충은 다 신시류다. 신시류는 다시 번데기를 만드는지 안 만드는지에 따라…….

진욱 번데기 안에서 날개가 만들어지는 내시류와 허물을 벗으면서 날개가 밖에서 만들어지는 외시류로 나눈다!

새벽들 와, 대단해. 하하! 진짜 박사님들이구나, 하하하. 자, 그럼 우리가 지금 보러 가는 딱정벌레는 곤충학에서 어떻게 분류할까요?

진욱 우선 날개가 있으니까 유시류!

영서 그리고 하루살이와 잠자리가 아니니까 신시류!

진욱 또 번데기를 만드니까 내시류!

영서 딱정벌레는 유시류에서 신시류에 속하고, 그리고 신시류에서 내시류에 속합니다!

새벽들 완벽해, 퍼펙트! 하하하.

진욱 이렇게 하니까 곤충 분류가 하나도 안 어렵네요. 책으로 볼 때는 무슨 소린지 몰랐는데 이렇게 하니까 머리에 쏙쏙 들어와요.

새벽들 그러니? 좋아, 아주 좋아, 하하.

(세 사람의 유쾌한 웃음소리가 조용한 식물원에 울려퍼진다.)

영서 여기예요? 좀 깊어 보이는데요?

새벽들 그래서 준비했지. 짜잔!

영서 와, 장화다! 〈1박 2일〉에서 봤던 그 장화다. 어떻게 신는 거예요? 아니, 입는 건가?

새벽들 가슴장화라고 하는데 먼저 신발을 벗고 아저씨처럼 이렇게 입는 거야. 어때, 멋지지? 하하.

습지 생태원

영서 멋져요. 그런데 약간 허수아비 같기도 한데요? 헤헤.

새벽들 뭐라고? 너~.

영서 죄송해요, 헤헤. 하지만 아저씬 솔직한 사람을 좋아하잖아요, 헤헤.

새벽들 졌다, 졌어. 하하. 자, 오늘은 조금 깊은 곳까지 들어갈 거야. 가장 깊은 곳이 너희 허리 정도까지 올 테니까 조심해야 돼. 먼저 습지 주변에서부터 채집할 거야. 오늘은 채집을 먼저 하고 나중에 채집한 곤충들을 보고 나서 이야기를 나누자. 자, 준비됐나?

영서, 진욱 네네, 선생님!!

새벽들 그럼 시작! 서두르지 말고. 지난번에도 말했듯이 이곳에 사는 생물들이 스트레스 받지 않게 조심 또 조심, 그리고 채집한 건 여기에 분리해서 놓자. 혹시 서로 싸우거나 잡아먹을지도 모르거든.

영서, 진욱 네.

(세 사람은 조심조심, 차분하게 습지 생태원에서 채집한다.)

새벽들 벌써 이렇게 시간이 됐네. 얘들아, 이제 나가자.

영서 세상에! 연못에 이렇게 많은 수서곤충들이 사는지 몰랐어요. 딱정벌레들이 이렇게 많은가요?

새벽들 딱정벌레들은 곤충의 거의 5분의 4를 차지할 정도로 많단다. 물론 그중에는 땅에서 생활하는 육상 딱정벌레들이 대부분이지만, 이렇게 물속에서 생활하는 수서 딱정벌레들도 무시하지 못할 정도로 많지.

수서 딱정벌레들

먼저 채집한 것부터 분류한 뒤에 이야기를 나누자.

영서 이런, 종류가 엄청 많아요! 무지 빨라서 잡기 힘들었어요.

새벽들 어디 보자. 너무 작아서 잘 모르겠구나. 돋보기로 봐야겠는걸? 오, 무늬를 보니 혹외줄물방개구나. 아마 이런 곳에서 가장 많이 보이는 녀석일 거야. 돋보기로 보면 딱지날개 양쪽에 작은 돌기가 한 쌍 있고, 검은 점과 줄무늬가 있는 게 특징이지.

진욱 이것도 물방개 종류죠? 줄무늬가 예뻐요.

새벽들 꼬마줄물방개네. 진욱이 말대로 줄무늬가 특징이지.

영서 이건 아주 작아서 겨우 보여요. 돋보기로 보지 않으면 그냥 까만 점인 줄 알겠어요. 비슷한 게 옆에도 있는데 색이 조금 달라요. 연한 연둣빛이 나는데요?

새벽들 알물방개와 깨알물방개구나. 알물방개 옆에 있는 건 애기물방개고. 작은 걸 용케 찾았구나, 하하.

진욱 여기도 물방개가 있어요. 조금 커요.

새벽들 아담스물방개라고 한단다. 눈과 눈 사이에 검은색으로 V자 무늬가 있어. 그리고 옆에 있는 건 애기물방개와 모래무지물방개고. 애기물방개는 우리 주변에서 쉽게 관찰할 수 있는 물방개란다.

혹외줄물방개

꼬마줄물방개

알물방개

깨알물방개

애기물방개

아담스물방개

모래무지물방개

모래무지물방개(위)와 애기물방개(아래)

알물방개(왼쪽)와 애기물방개(오른쪽)

영서 노란색 점과 줄무늬가 있는 애는 정말 예뻐요.

새벽들 줄무늬물방개구나. 나도 이 녀석을 처음 봤을 때 너처럼 감탄했어. 정말 예쁜 물방개지. 그리고 그 옆에 있는 물방개는 땅콩물방개와 큰땅콩물방개란다.

영서 땅콩이요? 정말 땅콩처럼 생겼네요. 이름이 웃겨요. 이 물방개 이름은 절대 잊지 않을 것 같아요. 헤헤.

진욱 이건 그냥 물방개 아닌가요? 어, 그런데 몸 가장자리에 노란색 테두리가 없는데요? 물방개는 노란색 테두리가 있잖아요. 제 친구가 물방개를 키워서 잘 알아요. 크기도 조금 작은 것 같고.

새벽들 검정물방개라고 한단다. 네 말처럼 물방개보다는 크기가 작고 몸 가장자리에 노란색 테두리도 없어. 예전에는 이 물방개가 엄청 많았는데 요즘은 보기가 쉽지 않은 녀석이 됐지. 안타까운 일이야.

여기 있는 많은 딱정벌레들도 우리가 관심을 기울이지 않으면 언제 사라질지 알 수 없어. 특히 논이나 연못, 둠벙 같은 곳이 사라지면서 이 아이들이 살아갈 장소가 점점 줄어드는 게 정말 걱정이야.

영서 저도 참 안타까워요, 아저씨. 그런데 이거 엄청 큰데요? 물속에서 막 걸어 다녀요.

진욱 물땡땡이다!

줄무늬물방개

땅콩물방개

땅콩물방개(왼쪽)와 큰땅콩물방개(오른쪽)

검정물방개

물방개 검정물방개와 달리 몸 가장자리에 노란색 테두리가 있다

물땡땡이

잔물땡땡이

물땡땡이(왼쪽, 가운데)와 잔물땡땡이(오른쪽)

새벽들 물땡땡이가 맞구나. 여기 잔물땡땡이도 있네. 물땡땡이보다는 작지.

영서 물땡땡이와 물방개는 비슷한 거 같은데 왜 이름이 달라요?

새벽들 아주 좋은 질문이구나. 좀 더 관찰해 보면 다른 점이 보일 거야.

진욱 뒷다리가 달라요. 물방개는 뒷다리에 털이 많은데 물땡땡이는 별로 없어요.

새벽들 옳지, 잘 봤어. 그럼 그 털이 있고 없고에 따라 어떤 차이점이 나타나는지도 같이 생각해 보자.

영서 아, 알겠어요. 물방개는 뒷다리 두 개를 마치 배의 노처럼 저으면서 헤엄쳐요. 털이 많으면 빨리 헤엄칠 수 있을 것 같아요. 그리고 물땡땡이는 다리에 털이 없어서 헤엄치기 힘들 것 같고요. 어, 물땡땡이는 헤엄치는 게 아니라 걸어 다니는 것처럼 보여요!

아하, 차이점 하나는 알겠어요. 물방개는 뒷다리를 같이 움직이면서 헤엄치고, 물땡땡이는 다리가 따로따로 움직이면서 헤엄치니까 마치 걸어 다니는 것처럼 보여요!

새벽들 빙고! 그리고 둘은 호흡 방법에서도 차이가 있어. 물방개는 공기 방울을 꽁지에 매달고 다니면서 숨을 쉬지만 물땡땡이는 배 아랫면에 공기를 저장해서 숨을 쉰단다.

그리고 또 하나 있는데, 먹이가 달라. 물방개는 어릴 때나 커서도 육식을 하지만 물땡땡이는

물속에 있는 **물방개** 뒷다리에 털이 많다.

물속에 있는 **물땡땡이** 다리에 털이 별로 안 보인다.

물방개 종류 배 끝에 공기 방울을 매달고 있는 것이 특징이다.

애넓적물땡땡이

애넓적물땡땡이의 짝짓기 배 아래쪽에 은색으로 보이는 것이 공기 저장 장소이다.

어릴 때에는 육식을 하지만 커서는 초식을 하지.

영서 비슷하게 생겼지만 많이 다르네요. 정말 신기해요. 그리고 신나기도 하고요, 헤헤.

진욱 여기 진짜 이상하게 생긴 애들이 있어요!

새벽들 어디 보자. 오, 수서 딱정벌레들의 애벌레구나. 어미와 다르게 생겨서 신기하게 보일 거야. 음, 이건 조금 전에 봤던 아담스물방개 애벌레고, 그 옆에 있는 건 검정물방개 애벌레란다. 여기 몇 종류가 더 있네. 자, 여기다 애벌레들을 모아 볼까?

이렇게 놓고 보면 수서 딱정벌레 애벌레들의 특징이 보일 거야. 물방개들은 이런 모습으로 어린 시절을 보내다가 종령 애벌레가 되면 물가로 나와 흙속에 번데기 방을 만들어. 그리고 때가 되면 날개돋이를 해서 어른벌레가 되지. 어른벌레가 되어서는 다시 물속에서만 생활하고.

영서 번데기를 물 밖에서 만들어요? 신기해요.

새벽들 그래서 하천을 정비할 때 특히 신경 써야 해. 주변을 콘크리트로 다 발라 버리면 이런 물방개 같은 수서 딱정벌레들이 번데기 방을 만들 곳이 싹 사라져 버리거든. 수서 딱정벌레가 줄어드는 이유이기도 하지. 어쩔 수 없이 하천을 정비하더라도 물속 생물들을 위해 하천 주변에 반드시 흙을 남겨 놓아야 해. 그게 사람과 물속 생물들이 다 같이 사는 방법이야.

진욱 아얏!

아담스물방개 애벌레

땅콩물방개 애벌레

애기물방개 애벌레

혹외줄물방개 애벌레

검정물방개 애벌레

영서 왜 그래, 물렸어?

진욱 응. 물방개같이 생긴 건데 물린 건 아니고 쏘인 것 같아. 바늘로 찌른 것처럼 따끔하고 아파.

새벽들 어디 보자. 음, 물둥구리구나. 쉽게 보기 힘든 곤충인데 여기서 만나네. 많이 아프니? 좀 따끔할 거야. 이 녀석은 주둥이로 찌르거든.

진욱 네? 그럼 딱정벌레가 아니에요? 딱정벌레는 찌르진 않잖아요?

새벽들 맞아. 생긴 건 딱정벌레처럼 생겼는데 노린재 집안이란다.

진욱 아하, 그래서 찌른 거구나.

새벽들 자, 잠시 쉬자. 진욱이는 곧 괜찮아질 테니까 걱정하지 말고.

진욱 물둥구리 얘기 좀 해주세요. 나를 찌른 녀석이 어떤 녀석인지 궁금해요.

새벽들 자, 여기에 좀 앉자. 음, 아저씨가 물둥구리를 처음 본 건 10년 전이야. 그리고 오늘 본 게 두 번째고. 그만큼 보기 힘든 수서곤충이라는 뜻이지.

아까 말한 것처럼 물둥구리는 딱정벌레 집안이 아니고 노린재 집안이야. 그래서 먹이를 먹을 때도 씹어서 먹는 게 아니라 뾰족한 주둥이로 찔러서 체액을 빨아먹는단다.

영서 생긴 건 둥글둥글 귀여운데 성질은 사나운가 봐요.

새벽들 그래. 생긴 거나 덩치에 비해 사납단다. 노린재 집안 중에서 한성격하는 녀석이지. 나

물둥구리

도 그때 찔렸는데 꼭 벌에 쏘인 것처럼 아프더구나. 우리나라 곳곳에 산다고 알려졌지만 그리 많지는 않은 것 같아. 내가 아는 것은 이 정도야. 그만큼 이 녀석에 대한 연구가 아직 부족하다는 뜻이지. 물둥구리는 이제 보기 힘든 희귀 수서곤충이 되었단다.

진욱 나를 찌른 녀석이 괘씸하기는 하지만 그래도 희귀 곤충에 속한다니 놓아줘야겠어요.

영서 다른 애들도 놓아줄게요. 몇 마리 데려가서 키우고 싶지만 마음을 바꿨어요. 애들은 여기 있을 때 가장 행복할 거 같아요.

새벽들 오, 기특하구나. 역시, 하하하. 자, 그럼 같이 놓아주자꾸나. 더 스트레스 받기 전에 빨리 원래 자리로 보내 주자고.

영서, 진욱 네!!

수서 딱정벌레들의 크기 비교

땅콩물방개
꼬마줄물방개
애기물방개
검정물방개

검정물방개
물땡땡이

꼬마줄물방개
큰땅콩물방개
아담스물방개
잔물땡땡이
물땡땡이

자색물방개
알물방개
깨알물방개
땅콩물방개
꼬마줄물방개
애기물방개
잔물땡땡이

혹외줄방개
땅콩물방개
큰땅콩물방개

샤아프물진드기
자색물방개
알물방개
큰땅콩물방개
모래무지물방개
애기물방개

깨알물방개
알물방개
애넓적물땡땡이
애기물방개

깨알물방개
알물방개
가는줄물방개
애기물방개
큰땅콩물방개

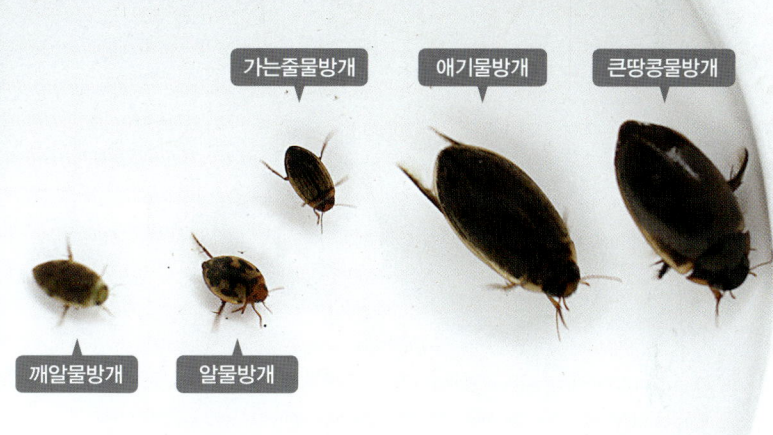

- 네 번째 여행 -
하천

하천 상류

새벽들 자, 오늘은 하천 탐사다. 준비됐지?

영서, 진욱 네!!

새벽들 오늘은 좀 색다르게 채집해 볼 거야. 그동안 뜰채를 가지고 채집했는데 오늘은 족대를 사용해 물가에 사는 물속 생물들을 찾아보자. 자, 가슴장화를 입고 둘이 서로 도와가며 채집해 보는 거야. 바닥이 미끄러운 곳도 있으니까 조심하고. 어때, 할 수 있겠니?

영서, 진욱 네!!

새벽들 자, 이쪽에서부터 시작해 보자.

영서 벌써 뭔가가 잡혔어요. 지난번에 봤던 실잠자리 애벌레 같아요. 아, 아니에요. 꼬리는 비슷한데 더듬이가 뿔처럼 보여요. 훨씬 더 커요!

새벽들 어디 보자. 일단 여기 작은 유리병에 넣어 볼까? 그럼 훨씬 더 잘 보일 거야. 얘들아, 잠깐만! 저기 나뭇잎에 앉아 있는 잠자리 좀 봐. 날개가 시커멓고 몸이 청동색인 녀석 말이야. 요 녀석이 바로 저 물잠자리의 애벌레란다.

진욱 완전 멋있게 생겼어요. 뭐랄까……, 이 애벌레는 뿔 달린 작은 요정 같아요.

새벽들 하하, 진욱인 상상력이 풍부한데? 맞아, 요정이지. 물속 요정! 그런데 물잠자리는 좀 달

물잠자리 애벌레

물잠자리 암컷 날개에 하얀색 가장자리 무늬(연문)가 있다.

물잠자리 수컷 날개에 별다른 무늬가 보이지 않는다.

라. 옛날 사람들은 저 시커먼 물잠자리를 저승사자처럼 생각했단다. 검은 망토를 걸친 저승사자. 어때, 무시무시해 보이니?

영서 아니요, 멋있기만 한데요, 뭐.

진욱 궁금한 게 있는데요. 물잠자리는 암수 구별을 어떻게 해요? 다른 잠자리들은 짝짓기 시기가 되면 수컷의 몸 색이 변해서 쉽게 암수를 알 수 있는데 물잠자리는 온통 검은색이어서 구별이 어려울 것 같아요. 물잠자리도 색이 변하나요?

새벽들 물잠자리는 색이 변하지 않아. 그 대신 암수를 구별할 수 있는 방법이 있지. 옳지, 저기 좀 봐라. 저기 날개에 하얀 점이 있는 물잠자리 보이지? 저게 암컷이란다.

영서 아하, 쉽네요. 물잠자리도 사람처럼 암컷이 패션에 더 신경 쓰나 봐요, 헤헤. 날개를 하얀 점으로 치장했잖아요. 이렇게 생긴 애벌레가 저렇게 변하다니, 믿어지지가 않아요. 잠자리들은 정말 신기한 거 같아요. 놀라워요.

진욱 여기, 이건 뭐예요? 지네처럼 생겼어요. 입도 무시무시하고요.

새벽들 어디, 진짜 지네처럼 생겼구나. 고려뱀잠자리라는 애벌레인데, 물속에서 애벌레 상태로 2년을 살다가 날개돋이를 하는 것으로 알려져 있지. 이름은 잠자리지만 잠자리하고는 완전히 다른 곤충이란다. 이름에 잠자리라는 단어가 들어가지만 잠자리하고 다른 집안 곤충이 몇 있는데 이 뱀잠자리도 그중 하나야.

진욱 아, 저도 하나 알아요. 명주잠자리요. 애벌레는 개미지옥이라고 불러요.

영서 저도 알아요. 풀잠자리요. 그 녀석도 잠자리하곤 다른 집안 곤충이죠.

새벽들 와, 역시 대단들해! 맞아. 명주잠자리, 풀잠자리는 이름에 잠자리가 붙었지만 잠자리

노란뱀잠자리

고려뱀잠자리 애벌레

와는 다른 곤충이란다. 뿔잠자리도 그렇고.

진욱 고려뱀잠자리 애벌레는 뭘 먹고 살아요? 이빨을 보면 다른 생물들을 잡아먹고 살 거 같아요.

새벽들 맞아. 물속에 사는 하루살이나 잠자리 애벌레 따위를 잡아먹고 사는 포식성 곤충이란다. 지금은 물속에서 생활하지만 6월쯤에 물가로 나와 흙을 파고 들어가 번데기가 되지. 그러곤 날개돋이를 한 뒤 육상 생활을 한단다.

영서 어쩐지 무시무시해 보이더라. 물리지 않게 조심해야겠어요.

진욱 아저씨, 여기엔 달팽이들이 많아요. 물속에 달팽이가 살다니 신기해요.

영서 어, 정말이네! 땅에 사는 달팽이하곤 좀 다른데?

새벽들 맞아. 물에 살아서 물달팽이라고 한단다. 자세히 보면 아주 귀여운 녀석이지. 번식력도 대단해서 보통 2개월마다 알을 낳는 것으로 알려져 있단다.

영서 물달팽이는 암수를 어떻게 구별해요?

새벽들 물달팽이는 암수가 따로 없어. 너희 혹시 자웅동체라는 말 아니?

진욱 네, 알아요. 몇 년 전에 달팽이를 키웠는데 몸 크기만 비슷하면 짝짓기를 하더라고요. 아주 신기해서 책을 찾아봤는데 달팽이는 암수가 따로 없는 자웅동체라고 했어요.

새벽들 오, 맞아. 암컷은 한자로 '자(雌)'라고 하고 수컷을 '웅(雄)'이라고 한단다. 진욱이 말대로 달팽이는 암수가 따로 없어. 암수가 한몸에 있는 것을 한자어로 자웅동체라고 해. 물달팽이도 마찬가지야.

물달팽이

물달팽이(왼쪽)와 왼돌이물달팽이(오른쪽) 비교

이 녀석들은 여름내내 알을 낳기 때문에 키우다 보면 금방 어항이 물달팽이 천지가 된단다.

영서 물에 사는 달팽이들이 또 있어요?

새벽들 그럼. 물달팽이와 비슷하게 생겼는데 껍데기가 여느 달팽이와는 달리 반대로 감긴 왼돌이물달팽이라는 녀석이 있단다. 잘 보렴. 이 물달팽이를 이렇게 뒤집어서 보면 껍데기가 감긴 방향이 오른쪽이지? 왼돌이물달팽이는 반대란다. 사는 곳도 좀 달라. 왼돌이물달팽이는 주로 오염된 하천에 살아서 오염 하천 지표종이라고 해.

영서 그럼 왼돌이물달팽이가 사는 곳은 물이 더럽겠네요?

새벽들 그래. 예전에는 왼돌이물달팽이가 안 보였는데 갑자기 왼돌이물달팽이들이 보이기 시작한다면 어디선가 오염물질이 흘러들고 있다는 증거지.

진욱 그래서 왼돌이물달팽이를 오염 하천 지표종이라는 거군요.

새벽들 그렇단다. 음, 그리고 또아리물달팽이라는 종류도 하천에서 볼 수 있어. 보통 세 종류가 보이는데 워낙 비슷하게 생겨서 처음에는 구별하기가 쉽지 않지.

물달팽이들보다는 조금 깨끗한 물에 사는 다슬기도 있단다. 자세히 보면 여러 가지 다슬기들이 있다는 걸 알 수 있을 거야.

배꼽또아리물달팽이
입구가 비대칭이다.

다슬기
우리나라 논우렁이처럼 난태생이다.

또아리물달팽이
입구가 둥글다. 나사 모양으로
말려 있는 나층(나사켜)이 3층이다.

참다슬기
곳체다슬기와 비슷하지만
입구 모양이 구불거리지 않고 매끈하다.

수정또아리물달팽이
입구가 둥글고 볼록하다.
나층이 4층이다.

곳체다슬기
참다슬기와 다르게 입구 모양이 구불거린다.
여느 다슬기들과 달리 오염된 하천에 산다.

주름다슬기
껍질에 세로로 돌기가 있다.

진욱 여기 새우들도 있어요. 조금 달라 보이는데, 한 종류가 아니라 두 종류인 것 같아요.

새벽들 어디 보자. 오, 민물새우 종류구나. 이건 줄새우라고 하고, 이건 새뱅이라고 부른단다. 민물에 사는 대표적인 새우야.

진욱 줄새우라고요? 아하, 몸에 줄이 있어서 그렇구나. 새뱅이는 귀엽게 생겼네요.

영서 진짜네? 줄새우도 멋있고 새뱅이도 멋있고……. 어, 그런데 줄새우 다리가 신기해요. 어디 하나, 둘, 셋……, 다리가 모두 열 갠데 앞다리 두 개는 꽃게 다리처럼 생겼어요.

새벽들 제1, 제2 가슴다리라고 하는데 꽃게처럼 집게발이지. 영서가 제대로 관찰했구나, 하하. 우리 주변에서 쉽게 볼 수 있는 민물새우란다. 귀엽게 생겨서 키우는 사람들도 많지. 새뱅이도 그렇고.

영서 진짜 예뻐요. 키우고 싶을 만큼요. 하지만 안 되겠죠? 준비를 충분히 하고 난 뒤에 한번 도전해 볼래요, 헤헤.

진욱 하천엔 참 많은 생물들이 사는 것 같아요.

줄새우

새뱅이

108

영서 맞아요. 참 신기한 생물들이 많아요. 전 하천에는 물고기들만 사는 줄 알았지, 이렇게 다양한 생물들이 사는 줄 몰랐어요.

새벽들 그래서 물을 생명의 보물창고라고 부른단다.

영서 와! 그럼 우린 오늘 그 보물창고를 들어온 거네요. 아저씨, 이번엔 저쪽 보물창고로 가 봐요. 저기 산에서 물이 내려오는 곳이요. 물이 엄청 깨끗해 보여요.

새벽들 그러자꾸나. 어, 진욱이는 벌써 갔네. 녀석, 빠르기는……. 하하.

영서 쟨 원래 저래요, 헤헤.

진욱 아저씨! 여기 이상한 낙엽들이 있어요. 그물처럼 구멍이 송송 뚫린 낙엽들이에요.

새벽들 어디 보자. 음, 옆새우가 먹은 잎들이구나. 옆새우는 이렇게 물 위에 떨어진 낙엽들을 먹고 산단다. 만약 옆새우들이 없다면 이런 낙엽들이 썩어서 물이 엄청 더러워질 거야. 고마운 자연의 청소부지.

영서 옆새우요? 옆으로 걷는 새우인가요?

새벽들 맞아. 옆으로 걸어서 옆새우라고 하고, 주로 나뭇잎을 먹어서 '나뭇잎 엽(葉)' 자를 붙여 엽새우라고도 한단다. 이름에 새우라는 낱말이 있지만 새우하곤 다른 생물이야. 다리 수도 달라. 새우들은 보통 가슴다리가 다섯 쌍이지만 옆새우는 가슴다리가 네 쌍이란다. 이름만 비슷하지, 다른 집안 생물이야. 저기 돌 밑을 들춰보렴. 아마 옆새우들이 많이 보일 거야.

진욱 우와, 정말 바글바글해요. 셀 수 없을 정도로 많아요.

영서 그런데 여긴 두 마리가 같이 붙어 있어요. 엄마가 아기를 안고 있는 건가요?

새벽들 짝짓기를 하는 거야. 암컷은 알을 품어

옆새우가 먹은 낙엽

옆새우

옆새우 암수

야 하기 때문에 수컷보다 크지. 영서가 아기라고 한 녀석이 수컷이야.

영서 정말 신기해요. 이런 생물도 다 있었네요.

진욱 여기 가재 새끼들이 있어요. 빨리 와 보세요!

영서 어디? 정말 가재네. 완전 귀여워!

새벽들 어디 보자. 아직 어린 새끼들이구나. 조금 더 올라가 찾아보면 큰 가재도 있을 거야.

영서 정말요? 와, 신난다. 빨리 가요.

진욱 전 벌써 찾았어요! 헤헤.

영서 와, 역시 내 친구다! 헤헤. 그런데 가재는 집게다리가 세 쌍이네요. 첫 번째 집게다리는 엄청 굵고 튼튼하게 생겼는데 두 번째와 세 번째는 가늘어요. 다리가 모두 몇 개야? 어디, 하나, 둘, 셋……, 모두 열 개네요. 어, 배에도 다리가 있네?

새벽들 앞쪽에 있는 다리를 가슴다리라고 하고, 뒤쪽에 있는 다리를 배다리라고 한단다. 배다리는 암컷이 수컷보다 조금 긴데, 알을 품고 다니는 데 사용하기 때문이야.

어린 가재(위) 어른 가재(아래)

가재 암컷과 알

영서 알이요? 암컷이 알을 다리로 품어요?

새벽들 응. 그래서 암컷의 배다리가 긴 거란다.

영서 그렇군요. 보물창고에는 정말 신기한 생물들이 많아요. 그런데 보물창고를 너무 뒤져서인지 다리가 아파요, 헤헤. 우리, 좀 쉬면 안 될까요?

새벽들 그러자꾸나. 자, 그럼 저기 하천 옆에 있는 논둑으로 가서 좀 쉴까?

영서 네.

진욱 제가 먼저 올라가서 자리 잡을게요. 빨리 따라오세요.

영서 같이 가! 쟨 왜 저렇게 빠른지 몰라.

진욱 빨리 와 보세요. 여기 이상한 알들이 잔뜩 있어요. 여기를 보세요. 색깔이 빨간 게 엄청 많아요. 이건 누가 낳은 알이에요?

새벽들 어디 보자. 왕우렁이 알이구나. 왕우렁이는 남아메리카가 고향인데, 우리 농촌에서 농사에 쓰려고 일본에서 들여온 우렁이란다. 그러다 자연으로 퍼져 나갔지.

영서 아, 저도 알아요. 우렁이를 이용해서 농사지은 쌀을 먹어 봤거든요.

진욱 그럼 왕우렁이랑 우리나라 우렁이는 어떻게 달라요? 우리나라 논에도 우렁이가 살잖아요.

새벽들 왕우렁이가 더 크지! 그리고 자세히 보면 왕우렁이는 껍질의 첫 번째 층이 아주 크단

왕우렁이 알

다. 우리나라 논우렁이와는 완전히 다르게 생겼어. 왕우렁이는 알을 낳지만 우리나라 논우렁이는 새끼를 낳거든.

영서 네? 논우렁이가 새끼를 낳아요?

새벽들 응. 그런데 개나 고양이처럼 바로 새끼를 낳는 것이 아니고, 먼저 알을 낳은 다음 껍질 안에서 어느 정도 키워 부화가 되면 새끼 상태로 내보내는 거야. 이런 걸 난태생이라고 하지. 새처럼 알을 낳는 걸 난생이라고 하고, 고양이처럼 새끼를 낳는 걸 태생이라고 하는데 논우렁이는 알을 낳고 나서 새끼로 키운 다음에 어미 몸 밖으로 내보내서 난태생이라고 하는 거야.

왕우렁이　　　　　　논우렁이　　　　　　어린 논우렁이들

영서 좀 어렵지만 그래도 재미있어요. 아마 책으로만 봤으면 벌써 머리가 뱅뱅 돌아 버렸을 거예요. 헤헤.

새벽들 뭐라고? 하하하. 자, 여기서 좀 쉬었다가 하천 아래로 내려가 보자. 여기와는 또 다른 생물들을 만날 수 있을 거야.

영서 네.

진욱 아저씨, 물의 맑기에 따라 사는 생물이 많이 다른가요?

새벽들 그렇단다. 물속에 사는 생물들은 좀 까다로워서 환경이 맞지 않으면 살 수 없어. 깨끗한 계곡을 좋아하는 녀석, 흐르는 물을 좋아하는 녀석, 고여 있는 물을 좋아하는 녀석, 그리고 펄 같은 곳을 좋아하는 녀석 등 각자 사는 곳이 일정하기 때문에 우리가 물속 생물만 보고도 화학적인 검사 없이 대략 그곳의 수질을 알 수 있지.

진욱 그렇군요, 신기해요. 하천 아래쪽으로 내려가면 여기와는 다른 생물들이 살겠네요?

새벽들 그래, 전혀 다른 생물들이 살지.

진욱 궁금해요. 빨리 내려가서 보고 싶어요.

(논둑에서 잠시 쉬었다가 세 사람은 하천 아래쪽으로 내려간다. 냄새가 지독한지 영서가 코를 막고 멈춰선다.)

하천 하류

영서 윽, 냄새! 여긴 물이 많이 더러워요. 이런 곳에서도 생물이 살까요? 더러워서 물에 들어가기가 싫어요.

새벽들 들어오기 싫으면 안 들어와도 돼. 난 궁금해서 못 견디겠다. 여긴 어떤 생물들이 살까? 진욱아, 우리 같이 들어가 볼까?

진욱 네, 저도 궁금해요. 영서는 하나도 안 궁금한가 봐요, 헤헤.

영서 우이씨, 나도 엄청 궁금해. 같이 가요, 뭐.

새벽들 하하하. 그래, 같이 가자.

깔따구 집

진욱 아저씨, 여기 보세요! 이 돌 밑에 있는 게 뭐예요? 무슨 집 같아요. 누가 만든 거예요?

새벽들 어디 보자. 오, 깔따구들이 만든 거구나.

영서 깔따구요? 아저씨가 하루살이 설명해 줄 때 말씀하셨던 그 깔따구요?

새벽들 오, 기억력이 대단한걸? 투정만 대단한 줄 알았는데 기억력도 대단하구나, 하하. 맞아, 그 깔따구야. 주로 오염된 곳에 사는 수서곤충이지.

영서 으~ 징그러.

진욱 그럼 이 깔따구가 사는 곳은 오염된 곳이라고 보면 되나요?

새벽들 그렇지. 그래서 깔따구를 오염 하천 지표종이라고 한단다. 그 지역의 환경 조건이나 오염 정도를 나타내는 지표 동물이지.

영서 애벌레랑 어른벌레는 어떻게 생겼어요?

깔따구 애벌레

새벽들 애벌레는 빨간 실지렁이처럼 생겼고, 어른벌레는 작은 모기처럼 생겼어. 하천 주변을 걷다 보면 눈앞에 알짱알짱거리는 모기처럼 생긴 거 있지? 그게 바로 깔따구야. 그래서 어떤 지역에서는 깔따구를 '알찐이'라고 부르기도 해. 사람들이 종종 하루살이와 혼동하지만 하루살이와는 전혀 다른 곤충이야.

영서 물어요?

새벽들 입이 퇴화돼 물지는 못해.

진욱 여기 좀 보세요. 하루살이 애벌레 같아요. 그런데 생긴 게 지난번에 계곡에서 봤던 무늬하루살이 애벌레하고 비슷해요.

새벽들 동양하루살이 애벌레야. 진욱이 말처럼 무늬하루살이 애벌레와 아주 비슷하게 생겼지. 물론 자세히 보면 몸에 있는 무늬가 달라 구별이 되지만 사는 곳에 따라 구분하면 더 쉽단다. 이런 하천 하류에서 봤다면 동양하루살이고 상류 계곡에서 봤다면 무늬하루살이지.

진욱 와, 이건 완전 멋져요! 장군처럼 생겼어요.

새벽들 정말 그렇구나. 멋진 장군이네. 그 녀석도 하루살이란다. 강하루살이라고 부르는 애벌레지. 그 옆에 있는 건 작은강하루살이 애벌레고. 주로 하천 하류에 물 흐름이 느린 곳에서 산단다.

진욱 그래서 몸에 먼지 같은 게 많이 묻어 있군요.

거미줄에 걸린 깔따구들(위), 깔따구 중 가장 큰 장수깔따구(아래)

동양하루살이 애벌레

강하루살이 애벌레

작은강하루살이 애벌레

영서 여기 구더기 같은 게 있어요. 이건 뭐예요?

새벽들 줄날도래 애벌레네.

진욱 날도래가 이런 곳에도 살아요? 전 깨끗한 물에만 사는 줄 알았는데.

새벽들 물론 주로 깨끗한 물에서 많이 살지만 이런 고여 있는 물에서 사는 날도래도 있지. 집을 만들지 않는 날도래 중 하나야.

영서 와! 여기 보세요. 조개예요. 엄청 커요.

새벽들 말조개구나.

영서 말조개요? 먹을 수 있어요?

새벽들 먹는 사람이 있기는 하지만 질기고 맛도 없고……. 그렇지만 물고기들에겐 아주 좋은 친구야.

영서 네? 물고기가 먹나요? 그런데 왜 친구라고 해요?

줄날도래 애벌레

말조개

납자루 암컷

납지리 암컷

새벽들 혹시 납자루라는 물고기 이름 들어 본 적 있니? 그 녀석은 알을 낳을 때가 되면 길게 늘어진 산란관을 민물조개에 넣고 알을 낳는단다. 알이 부화할 때까지 조개가 지켜주는 거지. 그러니 물고기에겐 얼마나 고마운 친구겠니? 납자루와 이름이 비슷한 납지리라는 물고기도 마찬가지야.

영서 물고기는 좋겠지만 말조개는 귀찮겠어요.
새벽들 꼭 그렇지만은 않아. 말조개에게도 물고기가 아주 좋은 친구지. 말조개는 물고기처럼 자유롭게 움직이지 못하기 때문에 자기 새끼를 멀리멀리 보내려고 물고기 몸에 새끼들을 붙인단다. 말조개 새끼들이 물고기 몸에 붙어서 자라다가 크면 물고기 몸에서 스스로 떨어져 나

펄조개

와 어미와는 멀리 흩어져서 생활하지. 새끼들을 먼 거리로 이동시키려고 말조개가 물고기들을 이용하는 거야.

진욱 아, 공생관계군요? 책에서 본 적이 있어요. 책에만 있다고 생각했는데 주변에서 이렇게 볼 수 있다니, 정말 신기해요.

새벽들 맞아, 공생이지. 서로 도우면서 사는 관계. 오늘 진욱이가 제대로 공부하는구나, 하하. 지식은 책에만 있는 게 아니라 바로 이런 생생한 자연 현장 속에도 있지. 이런 게 살아 있는 공부야, 하하.

영서 이런 조개가 또 있나요?

새벽들 물론이지. 아주 다양한 조개들이 산단다. 말조개처럼 쉽게 볼 수 있는 조개로는 펄조개가 있어. 말조개와 조금 다르게 생겼는데 귀가 발달해 전체적으로 둥그스름한 삼각형이란다.

진욱 귀요?

새벽들 조개가 입을 열 때 붙어 있는 부분 있지? 그 옆에 있는 튀어나온 부분(돌기)이 귀처럼 생겨서 그렇게 부르는 거야.

영서 진짜 신기해요. 이런 물에도 많은 생물들이 살다니! 더러워서 들어오기 싫다고 한 게 괜히 미안해지네요, 헤헤.

새벽들 영서도 좋은 공부했구나, 하하. 자, 그럼 오늘은 여기서 마칠까? 돌아가자마자 깨끗이 씻어야 한다. 그리고…….

영서 에이, 아저씨 또 잔소리! 진욱아, 빨리 나가자. 아저씨 잔소리 시작됐다. 저러실 땐 꼭 우리 엄마 같다니까, 헤헤.

진욱 그래, 아저씨 잔소리가 시작되면 끝이 없지. 빨리 나가자, 후후.

새벽들 뭐라고? 이 녀석들이, 하하하!!

- 다섯 번째 여행 -
동네 물웅덩이

물웅덩이

영서 아저씨, 여긴 왜 오자고 했어요? 여긴 축구 클럽이잖아요. 저희와 축구하실 건가요?

진욱 그러게. 아저씨가 축구를 좋아하시는 줄 몰랐어요. 여긴 우리 학교 친구들도 많이 다니는 축구 클럽이거든요. 산 밑에 있어서 공기가 좋다고 친구들이 엄청 좋아해요.

새벽들 아저씨가 이곳에 오자고 한 건 아저씨에겐 아주 특별한 곳이라서야.

영서 네? 어떤 곳인데요?

새벽들 이곳에 축구 클럽이 들어서기 전에 작은 물웅덩이가 있었어. 산에서 내려오는 물이 고여서 생긴 아주 아담한 웅덩이였지. 어느 날 우연히 이곳을 지나는데 작은 물방개 한 마리가 보이는 거야. 거참, 신기하네 하고 계속 쳐다보는데 그 물방개가 얼마나 예쁜지 한참을 들여다봐도 질리지 않더구나. 그러곤 곧 그 물방개의 이름과 생태가 궁금해져서 사진을 찍고 자료도 찾아보게 되었지.

진욱 어떤 물방개였는데요?

새벽들 우리가 지난번에 식물원에서 봤던 애기물방개였어. 이름을 알고 나니까 더 사랑스럽고 궁금해져서 이곳을 자주 찾게 되었지. 그 뒤로 더 많은 물속 생물들을 만났고 녀석들의 생태에 대해서도 더 잘 알게 되었어. 그러다가 아예 1년 동안 이곳을 집중적으로 관찰하기로 마음먹었단다. 내가 이런 마음을 갖게 된 이유는 여기 있는 생물들을 더 자세히 알고 싶어서이기도 했지만, 사실 이곳에 축구 클럽이 들어선다는 이야기를 듣고 나서였어.

땅 주인이 자기 땅에 건물을 짓는다는 데 막을 수도 없고, 그렇다고 이곳에 공사를 못 하게 할 정도로 천연기념물 같은 중요한 생물이 사는 것도 아니었거든. 마음이 아팠지만 내 힘으로 공사를 막을 수는 없잖아? 그래, 그동안 내가 보고 관계를 맺은 물속 생물을 기록으로 남기자고 결정했어. 그래야 나중에라도 후회하지 않을 것 같았거든. 그래서 무작정 땅 주인을 찾아갔지. 다행히 땅 주인은 내 말을 들어주었어. 그 아저씨는, 내 마음은 알겠지만 공사를 중단하면 상당한 재산 손실이 생기니까 공사 계획을 중단할 수 없다고 했지.

그나마 다행인 것은, 공사가 시작되기 전까지 이곳에 와서 내 마음껏 생물들을 관찰하라고 하더라. 자기가 해 줄 수 있는 게 그것뿐이라고 하면서 미안한 표정을 짓더군. 그때부터 나는 이곳을 출퇴근하듯이 드나들며 물속 생물들을 관찰하기 시작했지. 사진을 찍고 이야기도 만들고……. 그러다 보니 어느새 시간이 훌쩍 지나갔고, 이젠 보다시피 이곳에 축구 클럽이 들어섰어.

영서 아, 그런 곳이었군요. 마음이 많이 아프셨겠어요.

진욱 여기엔 어떤 생물들이 있었는데요? 저도 이 웅덩이 알아요. 아주 작은 웅덩이잖아요? 이런 곳에 물속 생물들이 살 거라고는 한번도 생각해 보지 못했는데…….

새벽들 아저씨도 처음엔 그랬단다. 그런데 생각보다 많은 생물들을 만날 수 있었어. 우리가 하찮은 웅덩이라고 생각한 곳이 물속 생물들에겐 아주 소중한 삶의 터전이었던 거지. 생각보다 많은 생물들이 사는 걸 보고 아저씨도 깜짝 놀랐어.

영서 아저씨에겐 진짜 보물창고 같은 곳이었네요.

새벽들 맞아. 물이 있는 곳이면 어디든 생물들이 산다는 걸 깨닫게 해 준 곳이기도 하고.

진욱 어, 갑자기 비가 오네.

영서 어떡해요? 비가 올 줄 몰랐어요.

새벽들 그러게, 비가 온다는 예보는 없었는데……. 어떡하지?

영서 아저씨 연구실로 가면 안 돼요? 근처에 있다고 하셨잖아요? 사실 엄청 궁금했거든요. 비도 피할 겸 연구실로 가요, 네?

진욱 와, 좋아요. 가요, 네?

새벽들 연구실은 무슨……. 그냥 작은 농촌 주택 하나 빌려서 혼자 작업하는 곳인데……. 좋아, 가자! 너희와 함께라면 아저씬 어디든 좋단다. 그리고 신나고, 하하.

새벽들 자, '흐름'에 오신 걸 환영합니다!

영서 와, 역시 생각했던 그대로예요! 이럴 줄 알았어요.

새벽들 어떨 줄 알았는데?

1인 생태연구소 '흐름'

영서 뭐, 지저분하고 냄새나고……. 하지만 그리 나쁘진 않아요. 생각했던 것보다는 쪼금 좋아요, 헤헤.

새벽들 뭐라고? 하하하.

진욱 저, 아저씨. 혹시 축구 클럽이 들어선 곳에서 모은 물속 생물 자료 있나요? 어떤 애들이 있었는지 보고 싶어요.

새벽들 음, 그럼 먼저 이 사진부터 볼래?

영서 윽, 이게 뭐예요? 이 사진은 어떻게 찍은 거예요?

진욱 이거 다 죽은 거예요? 누가 그런 거예요?

새벽들 사실은 아직도 정확한 이유는 몰라. 이건 지난해 3월 7일에 찍은 사진이야. 자, 사진을 자세히 볼까? 너희가 알고 있는 생물들이 많을 거야.

영서 왕잠자리 애벌레가 제일 많아요.

진욱 물자라랑 장구애비 그리고 작은 물방개들도 보여요. 작은 잠자리 애벌레들도 보이고요.

영서 그런데 왜 이런 일이 생긴 거예요? 누가 약이라도 뿌렸나요?

새벽들 아저씨도 처음엔 그렇게 생각했어. 누가 농약이라도 뿌린 줄 알았지. 그런데 자세히 보니 약 때문은 아닌 것 같았어. 그곳에 같이 사는 도롱뇽과 올챙이는 멀쩡했거든. 만약 농약에 오염됐다면 도롱뇽과 올챙이도 무사하진 못했을 거야. 그리고 그 웅덩이 주변에는 논도 없고.

추위에 얼어 죽은 물속 생물들

진욱 그럼, 왜?

새벽들 아저씨 추측엔 모두 얼어 죽은 거 같아. 지난겨울에 날이 엄청 추웠잖아. 1월엔 영하 17도 정도로 내려간 날이 일주일이 넘은 적도 있었고. 그곳은 산에서 흘러내리는 물이 고인 곳이라 깊지 않아서 비가 안 올 때는 바닥까지 드러나지. 아저씨 생각엔 그 추위에 물이 바닥까지 얼어붙어 미처 피할 곳이 없던 수서곤충들이 얼어 죽은 게 아닌가 해. 그러다가 날이 풀리고 물이 녹으니까 결국 물 위로 떠오른 거겠지. 정확한 이유는 좀 더 연구해 봐야 알 것 같다.

진욱 그런데 그 작은 웅덩이에 생각보다 많은 수서곤충들이 있었네요. 특히 왕잠자리 애벌레들이 엄청 많아서 놀랐어요.

영서 저도 그래요. 그런데 슬퍼요. 더 이상 얘들을 볼 수 없잖아요.

새벽들 나도 그래.

진욱 그곳에서 보신 게 또 있나요?

새벽들 아저씨가 여기서 찍은 사진을 날짜별로 정리해 놓은 게 있으니까 한번 같이 보자. 작은 웅덩이지만 생명력이 넘치는 놀라운 곳이었어. 더 이상 볼 수 없다는 게 마음이 아프지.

영서 보여 주세요. 궁금해요.

새벽들 어디 보자. 음, 이건 4월 5일에 찍은 거구나. 다른 수서곤충들은 안 보였는데 이날 소금쟁이 두 마리가 있는 걸 봤지.

등빨간소금쟁이

애소금쟁이

하나는 등빨간소금쟁이고 다른 하나는 애소금쟁이였어.

진욱 그럼, 소금쟁이는 죽지 않았던 건가요?

새벽들 글쎄, 아저씨도 확신하긴 힘들어. 소금쟁이들은 날아다닐 수 있으니까 다른 곳에서 이곳으로 왔을 확률이 더 높아.

영서 이건 4월 20일에 찍은 거네요. 실잠자리 애벌레인 거 같고, 그리고 이건 어디서 본 거 같은데……, 이름이 뭔가요? 딱정벌레 애벌레 같아요.

새벽들 아시아실잠자리 애벌레란다. 그리고 영서가 어디서 본 것 같다고 한 건 땅콩물방개 애벌레고. 지난번에 식물원 습지 생태원에서 한 번 봤지?

영서 아, 생각나요. 어른벌레랑 아주 달라서 좀 헷갈려요. 얘네들은 어미랑 아기가 왜 이렇게 다른 걸까요? 아하, 번데기! 그렇죠? 물방개처럼 딱정벌레 집안은 번데기를 만드는 갖춘탈바꿈을 하는 곤충이기 때문에 번데기 시기를 앞뒤로 해서 애벌레와 어른벌레의 모습이 다르죠?

새벽들 오, 제대로 기억하네. 맞아. 그리고 이건 중국물진드기라고 하는 수서곤충이란다. 이건 너희도 잘 아는 물자라고. 다 죽은 줄 알았는데 이렇게 살아남은 곤충도 있었단다. 그때를 생각하면 지금도 가슴이 먹먹해져.

진욱 모두 다 얼어 죽은 건 아니었네요. 참 다행이에요.

새벽들 그럼, 정말 다행이지. 이건 7월 16일에 찍은 거란다. 그동안에도 자주 웅덩이에 갔지만 수서곤충들이 눈에 안 띄어서 무척 걱정했는데 이렇게 애기물방개 애벌레와 어른벌레가 같이 있는 걸 보고 얼마나 반가웠는지 몰라.

아시아실잠자리 애벌레

땅콩물방개 애벌레

중국물진드기

물자라

애기물방개 애벌레

애기물방개

아저씨 눈에 안 띄었을 뿐 모두 다 죽은 건 아니었던 모양이야.

진욱 이날은 여러 종류의 수서곤충들이 있네요. 잠자리 애벌레인가요?

새벽들 그래, 두점박이좀잠자리 애벌레란다.

영서 송장헤엄치게도 있네요. 그리고 이건 메추리장구애비라고 했던 거 같은데…….

새벽들 오, 기억력이 대단하구나! 맞아. 그리고 여기 있는 작은 물방개들은 땅콩물방개와 큰땅콩물방개야. 그 옆에 있는 점무늬가 있는 녀석은 혹외줄물방개고.

진욱 놀라워요. 많은 수서곤충이 있는 것도 그렇고, 그 추위에 살아남은 것도 그렇고.

영서 이것도 잠자리 애벌레 같은데요? 여기에 7월 31일이라고 되어 있어요. 몸 옆에 가시 같은 게 잔뜩 있네요. 드라큘라 이처럼요.

새벽들 맞아, 된장잠자리 애벌레란다. 네 말을 들으니 정말 드라큘라 이처럼 생겼구나. 그리고 자세히 보면 옆가시라고 부르는 그 가시 옆으로 무늬 같은 게 있어. 무늬가 동그랗게 보여서 동전 무늬라고도 한단다.

영서 이건 색이 참 특이하네요. 색동옷을 입은 거 같아요.

새벽들 먹줄왕잠자리 애벌레야. 신기하게도 먹줄왕잠자리의 어린 애벌레는 네 말대로 색동옷을 입은 것처럼 보여. 그냥 왕잠자리는 안 그런데 말이야.

두점박이좀잠자리 애벌레

송장헤엄치게

메추리장구애비

된장잠자리 애벌레

확대한 옆가시와 동전 무늬

먹줄왕잠자리 어린 애벌레

막 허물을 벗은 먹줄왕잠자리 애벌레

먹줄왕잠자리 애벌레들

그 옆에 있는 사진에 연두색 먹줄왕잠자리 애벌레가 보이지? 막 탈피를 한 모습이야. 아주 신비로운 색이 나타나지. 저 상태로 잠시 있다가 시간이 지나면 곧 일반 왕잠자리 애벌레처럼 색이 변한단다.

진욱 8월 3일에 찍은 건 전부 된장잠자리뿐이네요. 어, 된장잠자리 애벌레가 웃고 있어요. 이 사진 좀 보세요!

새벽들 정말 그렇구나. 진욱이 말대로 웃고 있구나. 멋진 걸 발견했네, 하하.

영서 이 허물들은 모두 된장잠자리 허물인가요?

새벽들 그래, 모두 된장잠자리 애벌레가 벗어 놓은 허물이야.

진욱 이건 아주 작은데요? 8월 31일에 찍은 거요.

새벽들 알물방개란다. 아주 작은 물방개지. 애기물방개랑 같이 있는 사진을 보면 그 크기를 짐작할 수 있을 거야.

영서 이 실잠자리 꼬리는 정말 신기하게 생겼어요. 멋진 무늬가 있어요. 9월 12일에 찍은 거요.

새벽들 가는실잠자리란다. 이곳에서 자주 보이는 잠자리지. 꼬리 아가미 무늬가 정말 멋지지 않니?

영서 네, 정말이에요. 진짜

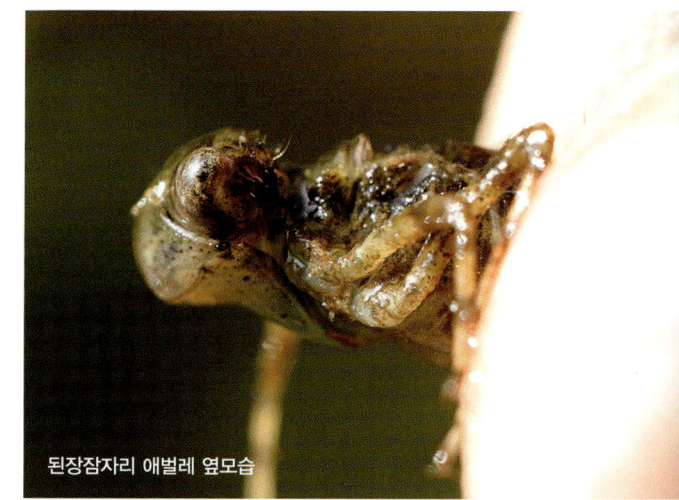

된장잠자리 애벌레 옆모습

된장잠자리 애벌레 허물

애기물방개

알물방개

무늬가 독특해요. 음, 이건 처음 보는 곤충이네요? 이것도 물방개 종류 애벌레인가요?

새벽들 알물방개 애벌레란다. 이젠 물방개 종류의 애벌레가 눈에 들어오는가 보구나. 역시 대단해. 완전 박사네? 하하.

영서 에이, 그만 놀리세요.

새벽들 아니야, 완전 진심이야, 하하.

진욱 와, 이것도 왕잠자리인가요? 10월 9일에 찍은 거요.

새벽들 왕잠자리하고 비슷하게 생긴 참별박이왕잠자리라고 한단다. 아저씨도 이곳에서 처음 봤어. 왕잠자리 애벌레와는 옆가시의 수가 달라. 왕잠자리나 먹줄왕잠자리 애벌레는 옆가시가 세 쌍이지만 참별박이왕잠자리 애벌레는 네 쌍이란다. 작은 차이지만 이런 차이를 알아가는 것도 수서곤충을 관찰하는 재미 중 하나지.

가는실잠자리 애벌레와 기관(꼬리) 아가미

알물방개 애벌레

참별박이왕잠자리 애벌레

129

그리고 다음 사진을 보면 30분 동안 채집한 왕잠자리와 밀잠자리의 애벌레들이야. 왕잠자리 12마리, 그리고 밀잠자리 17마리를 채집했지.

진욱 진짜 놀라워요. 그 작은 웅덩이에 정말 많은 잠자리들이 살았네요. 어, 그런데 이건 뭐예요? 처음 보는 것 같아요.

새벽들 어디, 뱀잠자리 애벌레야. 지난번에 봤던 고려뱀잠자리하곤 다른 한국좀뱀잠자리라는 녀석이지. 어디, 어른벌레 사진이 있을 텐데……. 옳지, 여기 있다. 날개돋이를 하고 나면 이런 모습이야.

진욱 와, 멋져요! 온통 검은색인 뱀잠자리군요. 뭔가 카리스마가 느껴져요.

영서 와, 이걸 다 정리하려면 엄청 시간이 오래 걸렸을 텐데……. 힘도 많이 들고요.

진욱 아저씨, 정말 멋져요! 언제 이렇게 정리를 다 해놓으셨어요?

새벽들 고맙구나, 하하. 아저씨는 이렇게밖에 못했지만 앞으로 너희가 관찰하는 대상을 이렇게 분류해서 정리해 놓는다면 더 멋진 자료들을 많이 만들 수 있을 거야. 아저씬 기대가 크단다, 하하.

영서 에이, 아저씨 부담돼요. 우린 그냥 좋아서 하는 건데…….

새벽들 맞아, 좋아서 하는 것. 그게 가장 중요한 거야! 억지로 하면 정말 재미없거든. 뭐든지 좋아서 하는 게 가장 중요해. 그리고 그 좋아하

밀잠자리 애벌레들

왕잠자리 애벌레들

한국좀뱀잠자리 애벌레

한국좀뱀잠자리

는 일이 직업이 되면 더 좋고.

영서 아저씨처럼요?

새벽들 글쎄다? 너희 눈에는 그렇게 보이니?

진욱 네! 아저씨는 참 행복해 보여요. 특히 하하하 하고 웃을 땐 말이죠.

새벽들 그래? 그렇다면 정말 고마운데? 하하하.

나가는 글

—

마무리, 그리고 새로운 시작!

이 글은 아저씨가 우리에게 쓰라고 했어요. 그게 더 멋진 일이라고요, 헤헤. 아저씨가 행복하게 웃으시던 그날, 그러니까 비가 와서 아저씨 연구실인 '흐름'에 갔던 그날이요. 그 뒤로 아저씨를 못 만났어요.

어느 날 갑자기 아저씨가 진욱이와 제게 문자를 보내셨어요. 아저씨에게 중요한 일이 생겨서 계속 만나기 힘들 거라고요. 무슨 연구 과제가 생겼다고 했어요. 자세히는 모르겠지만, 밤의 숲 생태를 관찰하는 연구 과제라고 하시면서 그 일이 끝날 때까진 당분간 만나기 어려울 거라고요.

그런데 놀라운 건 아저씨랑 우리 아빠랑 진욱이 아빠가 함께 만났다는 사실이에요. 세 분이 만나서 맥주랑 치킨이랑 먹었대요. 치사하게 우리만 쏙 빼놓고 말이에요.

무슨 얘기들을 하셨는지 모르지만 이상하게 그날 이후부터 아빠가 완전 제 편이 된 거예요. 진욱이 아빠도 그렇고요. 엄마가 학원 빼먹고 만날 진욱이랑 놀러 다닌다고 혼 좀 내라면 아빠는 "놔둬, 자기가 좋아서 하는 일인데, 뭐. 도와주지는 못해도 방해는 하지 말자고" 하면서 허허 웃으시는 거예요. 아저씨가 아빠들에게 무슨 마법을 거신 것 같아요. 어쨌든 우린 완전 신났어요. 아빠들의 마법이 영원히 안 풀렸으면 좋겠어요, 헤헤.

그렇다고 진욱이랑 제가 마냥 놀기만 하는 건 아니에요.

곤충이랑 거미 관찰도 하고, 또 나름대로 중요한 탐사를 하고 있는 중이거든요. 우린 컴퓨터 게임하는 것도 재미있지만 이렇게 산에서 노는 게 더 신나요. 엄마들은 그렇게 놀면 언제 공부를 하냐며 잔소리하시지만 든든한 아빠들이 있어서 괜찮아요.

"놔둬. 저때 안 놀면 언제 놀아."

이게 요즘 우리 아빠가 늘 하는 말이에요. 아직 마법이 안 풀렸다는 증거죠, 헤헤.

진욱이랑 제가 하려는 탐사는 '둠벙 둠벙 탐사'예요. 우리 동네는 아직 완전한 도시가 아니

둠벙

어서 자전거를 타고 조금만 가면 논이 여러 군데 있거든요. 논 위쪽에 물을 대려고 만들어 놓은 둠벙도 있지요. 앞으로 여러 둠벙들을 진욱이랑 관찰할 거예요. 아직은 우리 둘이지만 우리랑 뜻이 맞는 친구가 있으면 같이할 생각이에요.

둠벙 둠벙 탐사는 아저씨랑 첫 번째 여행을 했던 아파트 뒤에 있는 둠벙에서 시작할 거예요. 그 둠벙 이름도 붙였어요. '꽥꽥 둠벙'이라고요. 그 둠벙에 가끔 오리들이 와서 꽥꽥거리다 가거든요.

우리 꿈은 우리 동네 둠벙 지도를 그리는 거예요. 물론 그 둠벙에 사는 생물들도 같이 그리지요. 그 1호가 '꽥꽥 둠벙'이에요. 생각만 해도 완전 신나요, 헤헤.

우리에게 이렇게 좋아하는 일이 있다는 게 신나요. 그리고 계속 이렇게 좋아하는 일을 하면서 살았으면 좋겠어요. 나중에 어른이 되면 제가 제일 좋아하는 일로 직업을 삼을 거예요, 헤헤.

그때까지 아자자!

"둠벙 둠벙 탐사여, 영원하라!"

찾아보기

글에서 찾아보기 쪽수는 검은색으로, 사진에서 찾아보기는 초록색으로 구분했어요.

ㄱ

가는무늬하루살이 애벌레 59
가는줄물방개 98, 101
가는실잠자리 애벌레 128 129
가시측범잠자리 23 23
가시측범잠자리 애벌레 23 23
가재 110 110
각다귀 애벌레 77 77
강하루살이 애벌레 114 115
개똥하루살이 애벌레 59
검은머리물날도래 애벌레 69 69
검정날개각다귀 80
검정물방개 92 93, 99
검정물방개 애벌레 95 96
게아재비 38 38, 40
고려뱀잠자리 104
고려뱀잠자리 애벌레 105 105
고추잠자리 26 27
고추잠자리 애벌레 27
고추좀잠자리 51
고추좀잠자리 애벌레 51
곳체다슬기 107
광택날도래 애벌레 63
굴뚝날도래 61

굴뚝날도래 애벌레 63, 66
긴무늬왕잠자리 45
긴무늬왕잠자리 애벌레 45
긴발톱물날도래 68
긴발톱물날도래 애벌레 67 67
깃동잠자리 48
깃동잠자리 애벌레 48 48
깔따구 113, 114 114
깔따구 애벌레 113
깨알물방개 90 91, 98, 100, 101
꼬마줄물방개 90 90, 99, 100
꽃등에 애벌레 77

ㄴ

나비잠자리 애벌레 50
날개띠좀잠자리 46
날개띠좀잠자리 애벌레 46
납자루 116 116
납작돌좀 84
납작하루살이 애벌레 56 57
납지리 116 116
넉점박이잠자리 26 27
넉점박이잠자리 애벌레 27

네모집날도래 애벌레 63
네점하루살이 애벌레 56 59
노란뱀잠자리 105
노란실잠자리 30
노란실잠자리 애벌레 30
노란허리잠자리 50
노란허리잠자리 애벌레 50
녹색강도래 73
녹색강도래 애벌레 72
논우렁이 111 112

ㄷ

다슬기 106 107
대륙좀잠자리 49
대륙좀잠자리 애벌레 49
대모잠자리 26 26
대모잠자리 애벌레 26
돌거머리 76 76
돌좀 84
동양하루살이 애벌레 114 115
된장잠자리 26 27
된장잠자리 애벌레 126, 128 27, 127, 128

두갈래하루살이 애벌레 59
두점박이좀잠자리 48
두점박이좀잠자리 애벌레 124 48, 124
두점하루살이 애벌레 59
둥근날개날도래 애벌레 63
둥근물삿갓벌레 애벌레 76 76
등검은실잠자리 28 30
등검은실잠자리 애벌레 30
등빨간소금쟁이 74, 124 74, 124
땅콩물방개 92, 126 92, 99, 100, 127
땅콩물방개 애벌레 124 96, 125
또아리물달팽이 106 107
띠무늬우묵날도래 애벌레 62 62, 66

ㅁ

말조개 115 115
맵시하루살이 애벌레 56 57
먹줄왕잠자리 31 32~35, 44
먹줄왕잠자리 애벌레 126 44, 127
메추리장구애비 39, 126 39, 126
명주잠자리 104
모래무지물방개 90 91, 98, 100
무늬강도래 70 70, 73
무늬강도래 애벌레 72 72

무늬하루살이 55
무늬하루살이 애벌레 58 58
물달팽이 105 105
물둥구리 97 97
물땡땡이 92, 94 93, 94, 99
물맴이 12 12
물방개 94 94
물자라 36~38, 124 36, 37, 40, 125
물잠자리 104 104
물잠자리 애벌레 103 103
민하루살이 애벌레 59
밀잠자리 21 21, 46
밀잠자리 애벌레 130 21, 46, 130
밑노란잠자리 47
밑노란잠자리 애벌레 47

ㅂ

방물벌레 42 42
방울실잠자리 28 30
방울실잠자리 애벌레 30
배꼽또아리물달팽이 107
배치레잠자리 48
배치레잠자리 애벌레 48
봄처녀하루살이 53 54, 56
부채하루살이 애벌레 56 57
뿔잠자리 105

뿔하루살이 애벌레 58 58

ㅅ

산골플라나리아 75 75
산잠자리 47
산잠자리 애벌레 47
삼각산골조개 40 40
새뱅이 108 108
샤아프물진드기 98, 100
소금쟁이 43 43
송장헤엄치게 41, 126 41, 42, 126
쇠측범잠자리 22 22
쇠측범잠자리 애벌레 22
수염치레날도래 62 61, 63, 64
수염치레날도래 애벌레 60 61, 63
수정또아리물달팽이 107

ㅇ

아담스물방개 90 91, 98, 99
아담스물방개 애벌레 95 96
아시아실잠자리 28 29
아시아실잠자리 애벌레 124 28, 125
알물방개 90, 128 90, 91, 98, 100, 101, 129
알물방개 애벌레 129 129
애기물방개 90, 124

91, 98~101, 125
애기물방개 애벌레 124 96, 125
애넓적물땡땡이 95, 101
애민무늬강도래 애벌레 72
애소금쟁이 124 124
어리장수잠자리 51
어리장수잠자리 애벌레 51
언저리잠자리 25 25
언저리잠자리 애벌레 25
연가시 80 81
연못하루살이 애벌레 59
옆새우 109 109
왕물맴이 13~17 13, 15~17
왕물벌레 42
왕우렁이 111 112
왕잠자리 31, 45
왕잠자리 애벌레 31, 130
　31, 45, 130
왼돌이물달팽이 106 106
일본애각다귀 79
입술하루살이 애벌레 59

장구애비 39 39, 40
장수각다귀 78
장수깔따구 114
장수잠자리 49
장수잠자리 애벌레 49
좀 84
주름다슬기 107
줄날도래 애벌레 115 115
줄무늬물방개 92 92
줄새우 108 108
중국물진드기 124 125
진강도래 72 73
진강도래 애벌레 70 69, 71

ㅊ

자색물방개 98, 100
작은강하루살이 애벌레 114 115
잔물땡땡이 92 93, 98~100

참납작하루살이 애벌레 56 57
참다슬기 107
참별박이왕잠자리 애벌레 129
　46, 129
참실잠자리 28 30

ㅋ

큰등그물강도래 애벌레 72
큰땅콩물방개 92, 126
　92, 98~101, 127

큰밀잠자리 50
큰밀잠자리 애벌레 50
큰줄날도래 61

ㅌ

톡토기 85 85

ㅍ

펄조개 117 117
풀잠자리 104
플라나리아 75 75

ㅎ

한국강도래 73
한국강도래 애벌레 71 71
한국좀뱀잠자리 130 131
한국좀뱀잠자리 애벌레 130 130
혹외줄물방개 90, 126 90, 100, 127
혹외줄물방개 애벌레 96
황줄왕잠자리 44
황줄왕잠자리 애벌레 44

집안에 따라 분류하기
본문에 실린 물속 생물 가운데 집안이 같은 것끼리 묶어서 정리해 놓았어요.

딱정벌레 집안

가는줄물방개
검정물방개
깨알물방개
꼬마줄물방개
둥근물삿갓벌레
땅콩물방개
모래무지물방개
물땡땡이
물맴이
물방개
샤아프물진드기
아담스물방개
알물방개
애기물방개
애넓적물땡땡이
왕물맴이
자색물방개
잔물땡땡이
줄무늬물방개
중국물진드기
큰땅콩물방개
혹외줄물방개

노린재 집안

게아재비
등빨간소금쟁이
메추리장구애비
물둥구리
물자라
방물벌레
소금쟁이
송장헤엄치게
애소금쟁이
왕물벌레
장구애비

잠자리 집안

가는실잠자리
가시측범잠자리
고추잠자리
고추좀잠자리
긴무늬왕잠자리
깃동잠자리
나비잠자리
날개띠좀잠자리
넉점박이잠자리
노란실잠자리
노란허리잠자리
대륙좀잠자리
대모잠자리
된장잠자리
두점박이좀잠자리
등검은실잠자리
먹줄왕잠자리
물잠자리
밀잠자리
밑노란잠자리
방울실잠자리
배치레잠자리
산잠자리
쇠측범잠자리
아시아실잠자리
어리장수잠자리
언저리잠자리
왕잠자리
장수잠자리
참별박이왕잠자리
참실잠자리
큰밀잠자리
황줄왕잠자리

파리 집안

각다귀

검정날개각다귀

깔따구

꽃등에

일본애각다귀

장수각다귀

장수깔따구

하루살이 집안

가는무늬하루살이

강하루살이

개똥하루살이

납작하루살이

네점하루살이

동양하루살이

두갈래하루살이

두점하루살이

맵시하루살이

무늬하루살이

민하루살이

봄처녀하루살이

부채하루살이

뿔하루살이

연못하루살이

입술하루살이

작은강하루살이

참납작하루살이

강도래 집안

녹색강도래

무늬강도래

애민무늬강도래

진강도래

큰등그물강도래

한국강도래

날도래 집안

검은머리물날도래

광택날도래

굴뚝날도래

긴발톱물날도래

네모집날도래

둥근날개날도래

띠무늬우묵날도래

수염치레날도래

줄날도래

큰줄날도래

풀잠자리 집안

고려뱀잠자리

노란뱀잠자리

명주잠자리

뿔잠자리

풀잠자리

한국좀뱀잠자리

무시류

납작돌좀

돌좀

좀

곤충을 제외한 그 밖의 절지동물

가재

새뱅이

옆새우

줄새우

톡토기

연체동물

말조개

삼각산골조개

펄조개

또아리물달팽이

물달팽이

배꼽또아리물달팽이

수정또아리물달팽이

왼돌이물달팽이

곳체다슬기

다슬기

주름다슬기

참다슬기

논우렁이

왕우렁이

물고기

납자루

납지리

편형동물

플라나리아

산골플라나리아

유선형동물

연가시

환형동물

돌거머리

참고한 자료

책

《하천생태계와 담수무척추동물》
김명철 · 천승필 · 이존국, 지오북, 2013

《물속생물도감》
권순직 · 전영철 · 박재홍, 자연과 생태, 2013

《한국의 수서곤충》
원두희 · 권순직 · 전영철, ㈜생태조사단, 2005

《논 생태계 수서무척추동물도감》
한민수 외, 농촌진흥청, 2008, 국회전자도서관

《한국 잠자리 유충》
정관수, 자연과 생태, 2011

《한국의 잠자리 생태도감》
정광수, 일공육사, 2007

《논에서 만나는 133가지 생물도감》
배지현 · 권혜길 · 한민수, 그물코, 2011

사이트

수서곤충지킴이 http://cafe.daum.net/aquaticinsects

H20 - NET http://blog.naver.com/nstdaily

국가생물종정보시스템 http://www.nature.go.kr

한반도 생물자원 포털 www.nibr.go.kr/species

SBS TV 〈영재 발굴단〉에서 방영된
제주도 12세 새 박사가 감동받은 두 권의 책!

김성호 교수의
『동고비와 함께한 80일』『까막딱따구리 숲』

동고비와 함께한 80일

동고비 암수가 협력하여 아기 동고비 8남매를 키우는
가슴 뭉클한 80일간의 과정!

동고비를 둘러싼 자연, 숲, 그 안에 담긴 여러 생명체의 경이
로움과 아름다움이 마치 한 편의 동화처럼 펼쳐진다.

김성호 지음 | 변형 사륙배판(188×240) | 288쪽 | 28,000원
아침독서 추천도서, 미래창조과학부 선정 우수과학도서, 환경부 선정 우수
환경도서, 청소년도서 선정, 따뜻한 세상을 만드는 교사들(책따세) 선정 여름
방학 추천도서, 과학독서아카데미 6월 주제도서

까막딱따구리 숲

치열한 새들의 삶을 보여 주는 자연 다큐멘터리!

까막딱따구리의 번식과 생태를 2년 동안 관찰하며 쓴 일기이
다. 까막딱따구리의 이웃으로서 작은 숲에 깃들어 사는 다양
한 새들의 이야기를 350컷이 넘는 생생한 사진들과 함께 펼
쳐 놓았다.

김성호 지음 | 변형 사륙배판(188×240) | 288쪽 | 30,000원
문화체육관광부 우수교양도서

지성사

지성사.한국 | www.jisungsa.co.kr